BESTSELLER

Tere Díaz Sendra es licenciada en Pedagogía y maestra en Terapia familiar sistémica con especialidad en Terapia de pareja. Promotora de Desarrollo humano grupal. Ha realizado diplomados en Clínica psicodinámica, Terapia narrativa y Terapia individual sistémica. Tiene estudios en el trabajo de prevención y atención de la violencia doméstica. Estudiosa de los nuevos modelos amorosos y la soltería. Docente, conferencista y coach estratégico empresarial. Autora de artículos y libros diversos, entre los que se encuentran: *Cómo identificar a un patán*, *Por qué nos mentimos si nos amamos*. *Sana una infidelidad y renueva tus pactos amorosos*, *El amor no es como lo pintan* y *El que busca encuentra*. Es también coautora de *Celos*, *Volver a empezar*, *29 claves para encontrar pareja* y *¿Me quedo o me voy?* Socia fundadora de Psicoterapia La Montaña y Concepto Empresarial.

www.terediaz.com; contacto@terediaz.com
@terediazsendra
@tedisen
Psicoterapia La Montaña: 55 6466 3052
lamontana.org

Rafael Manrique Solana es psiquiatra y doctor en medicina. Ha sido becario del Fondo de Investigaciones Sanitarias de la Seguridad Social y de la Universidad de Massachussetts en el Berkshire Medical Center; director de diversos cursos de formación para instituciones públicas o privadas en España y América Latina; asesor del Aula de Letras de la Universidad de Cantabria y asesor cultural de la Autoridad Portuaria de Santander. Es columnista de *El Diario Montañés* y autor de varios libros, entre ellos *La psicoterapia como conversación crítica*, *Sexo, erotismo y amor*, *Conyugal y extraconyugal. Nuevas geografías amorosas* y, junto a Begoña Cacho, *La mente infinita*. En la actualidad trabaja en Santander, donde ejerce la práctica privada como psiquiatra y psicoterapeuta.

Tere Díaz Sendra
Rafael Manrique Solana

Celos

¿Amar o poseer?

DEBOLS!LLO

Papel certificado por el Forest Stewardship Council®

Celos
¿Amar o poseer?

Primera edición en Debolsillo: enero, 2026

penguinlibros.com

Diseño de portada: Penguin Random House / Laura Velasco Borrero
Imagen de portada: © iStock

ISBN: 978-607-386-844-0

Impreso en México – *Printed in Mexico*

ÍNDICE

Doce ideas... a modo de presentación

Cine, literatura, publicaciones periódicas, canciones, internet... Pocos asuntos generan tanto interés, deseo e intriga entre la gente como el amor y la pareja. Y pocos también generan todo eso unido al dolor, la angustia y la violencia. ¡Celos! ¿Son una forma de amor? ¿Van de su mano?

Si hiciéramos esta pregunta a diversas personas, encontraríamos tantas respuestas como sujetos cuestionados. Habría quien ingenuamente contestara: "De ninguna manera, los celos son cuestión de inseguridad e inmadurez". Otros afirmarían que hablar de amor sin celos es hablar de otra cosa, de algo que no es amor. Y aun encontraríamos algunos que se sentirían desairados si no fueran, de una u otra manera, celados por su pareja: "De vez en vez hay que dar al otro un piquetazo para confirmar que nos sigue amando...".

Las posibilidades de mirar un fenómeno tan universalmente humano son infinitas. El problema es complejo y comprometido: los celos invaden el mundo de las relaciones amorosas generando desenlaces diversos, la mayoría sufrientes, otros francamente trágicos...

1

¿Qué hay de amor en los celos? ¿Qué hay de celos en todo amor? ¿Cómo saber si los celos dependen de la imaginación del celoso o de la realidad que está viviendo? ¿Cómo reconocer si algunas personas son más celosas que otras? ¿Cómo diferenciar los celos controlables de aquellos que se viven como una enfermedad crónica? Son preguntas difíciles. Más aún cuando caemos en la cuenta de que estos no siempre se producen como resultado de una situación o un tipo de relación: hay veces que el contexto pareciera propicio para desencadenarlos y, sin embargo, no aparecen. Y otras sucede lo contrario: aparecen sin ninguna razón... Caprichosos, corrosivos, dominantes...

2
Los seres humanos somos seres que desean. Y desear es desear poseer... El deseo lo quiere todo y, como esto es imposible —y más aún en el amor—, aparecen la decepción, la duda, la sospecha, y con ellas, los celos...

3
Somos seres con una gran necesidad de apego y dependencia, que surge de nuestra más temprana experiencia como bebés necesitados. Y lo que en su día fue útil y lógico puede acabar por convertirse, con el paso de los años, en un exagerado afán de poseer al otro, de asegurar su cercanía. Vistos desde este ángulo, los celos expresan más un sentido de propiedad que un deseo erótico o un sentimiento amoroso. En ese caso cabría preguntarse, siendo adultos, qué se busca como producto de una relación amorosa: ¿una madre que nos cuide y nos calme?, ¿o una pareja que nos haga compañía?

4
El celoso siempre trata de disminuir la incertidumbre y atenuar el riesgo de perder a la persona amada y, sin darse cuenta, en este intento se dirige hacia la destrucción de su amor. Si bien en la mayoría de los casos los celos son patrimonio de la imaginación, siendo el estímulo que los desencadena de naturaleza simbólica, se manifiestan siempre en el campo de lo real, y las acciones que se derivan de ellos suelen ser desde absurdas y aburridas insinuaciones hasta conductas terriblemente destructivas.

5
Pero ¿qué es lo que detona la aparición de los celos? ¿Podrá ser la misma interacción entre la pareja la que favorece una dinámica de este tipo o habrá personas que nacen con un temperamento celoso? Es difícil dar respuestas únicas a estas preguntas, pero proponemos que son provocados por la estructura misma del amor vivido dentro de una institución matrimonial de corte patriarcal.

6
Los celos son una de las experiencias emocionales más intensas, de modo que no podemos minimizar su impacto. Combinan sentimientos avasalladores: humillación, envidia, miedo, competición, rabia, que se apoderan de la persona celosa, nublando su razón y dirigiendo desatinadamente su conducta. Posesión, dependencia, control y hostigamiento son intentos del celoso por asegurar el "amor" de su pareja. Lo dice Antonio, el protagonista de la película *Celos*, de Vicente Aranda: "Solo para mí, de la cuna a la tumba".

7
Ante los pesares que produce esta experiencia, buscamos culpar al otro, argumentar que es su conducta la que provoca celos. Rara vez echamos una mirada al interior de nosotros mismos para cuestionar nuestra inseguridad y nuestro miedo. Y olvidamos que el amor, el verdadero amor, no tiene garantías… Los contratos y los pactos, sí; pero las relaciones amorosas viven en el territorio de la duda…

8
Las reacciones del celoso son diversas: unas inmediatas e irreflexivas, otras contenidas; algunas realistas, otras producto de la imaginación… Varían según se trate de unos celos moderados o de aquellos que llegan a la obsesión y al delirio, pero en la mayoría de los casos se dan conductas que van saturadas de preguntas hostigantes y entrometidas, de acciones persecutorias, de una sobreprotección humillante y de intentos de "reconquista" caballerescos que molestan y desgastan el amor.

9
Los efectos de estas actitudes hacen que la persona celada se sature y se enoje, pero simultáneamente se debilita y duda de sí misma y de sus capacidades. Vive con una actitud permanente de defensa, que le hace eliminar sus intereses, sus deseos y, en ocasiones, incluso sus valores, para no "generar" más conflictos. Los efectos del acoso permanente varían en grado e intensidad, pero no es extraño escuchar en las víctimas este tipo de preguntas: "¿Cómo es que me metí en esto?, ¿cómo no me di cuenta?, ¿cuál es el sentido de seguir viviendo un amor que asfixia?, ¿cómo escapar…?".

¿Se puede convivir con un celoso? ¿Tratar con una persona moralista, perfeccionista, extremadamente religiosa y responsable, ansiosa, suspicaz es garantía de fracaso y dolor?

10
No todas las manifestaciones celosas son iguales. Algunas pueden considerarse más "normales" que otras, y algunas caen de lleno en el campo de la psicopatología.

11
Es preciso que antes de casarnos o de emparejarnos tengamos ya la lucidez y la consciencia necesarias para saber detectar a tiempo una relación de ese tipo, y que esta claridad nos permita evitar un compromiso que terminará en posesión y dependencia. Y si en su momento, no pudimos anticipar que nos estábamos adentrando en una relación dominada por los celos, y llega el punto en que esta está ya inmersa en un callejón sin salida, no hay que olvidar que valdrá la pena considerar salir de ella.

12
El amor se gasta y en ocasiones existe otra persona a la que el amado prefiere... ¿Qué ocurre cuando los celos, lejos de basarse en una sospecha, surgen de un suceso real? La humillación y la pérdida posibles se convierten en un hecho. Si no hay una elaboración, si no ocurre el olvido o el perdón, los celos consumen la vida. ¿Cómo manejarse ante esta situación? ¿Resignarse? ¿Salirse? ¿Luchar por lo que se quiere?

El siglo XXI está consolidando un cambio drástico y acelerado. La revolución tecnológica, la crisis del capitalismo, el auge de los movimientos sociales —entre ellos destacadamente el feminismo— y la decadencia del patriarcado abren las puertas a una nueva sociedad, que desafía la idea de un amor cerrado y total y abre una nueva forma de relaciones amorosas. Es de prever que ello, unido a la ruptura de modelos convencionales anteriores, haga que los celos existan de forma importante. Habrá que plantearse una vida en la que los celos se tengan, se sientan... y buscar la manera de no dejarnos arrastrar por ellos.

¿Seguimos reaccionando de forma celosa o intentamos una forma de amar diferente?

A LOS CELOS

¡Oh niebla del estado más sereno,
furia infernal, serpiente mal nacida!
¡Oh ponzoñosa víbora escondida
de verde prado en oloroso seno!

¡Oh entre el néctar de Amor mortal veneno,
que en vaso de cristal quitas la vida!
¡Oh espada sobre mí de un pelo asida,
de la amorosa espuela duro freno!

¡Oh celo, del favor verdugo eterno!,
vuélvete al lugar triste donde estabas,
O al reino (si allá cabes) del espanto;

Mas no cabrás allá, que pues ha tanto
que comes de ti mismo y no te acabas,
mayor debes de ser que el mismo infierno.

LUIS DE GÓNGORA

CAPÍTULO 1

Los dioses son celosos

Celos. Uno de los más grandes y extendidos sufrimientos de los seres humanos. Y, por ello, siempre les hemos buscado explicación. Incluso forman parte de los mitos acerca de los orígenes de la humanidad, como el del andrógino —una de las más ingenuas y hermosas de las explicaciones— presente en muchas culturas, si bien la más conocida para nosotros es la que provine de los clásicos griegos. Según ella, al principio de los tiempos los seres humanos eran simultáneamente hombres y mujeres. Seres tan completos acabaron por mostrarse arrogantes y soberbios y quisieron destronar a los dioses, echarlos del cielo, dioses que, en castigo por tanto atrevimiento, los dividieron en dos. Unos serían hombres y otras mujeres, quedando cada uno, desde entonces, buscando su otra mitad, que nunca encontrará... Eso desató problemas, luchas y, sobre todo, celos, y fueron estos tan violentos que, para compensarlos y evitar la total destrucción del género humano, los dioses enviaron también el amor. En otras versiones de este mito, los andróginos, al tenerlo todo dentro de sí, resultan muy aburridos, y el dios Zeus decide dividirlos en dos para que el mundo sea un lugar más animado. Aparecen los celos, las luchas, los conflictos y sí, el mundo es más animado, pero a costa de mucho dolor.

Si pensamos que los dioses son creaciones de los humanos, es lógico que sean como nosotros. Recuérdese que el mismo Yahvé, en el *Deuteronomio* y en el *Éxodo*, se define a sí mismo como celoso: "Yo soy un Dios celoso", afirma en varios capítulos de esos libros. Eso supone que la idea que se transmite a través de las religiones es que todo el mundo es celoso, y que eso es algo lógico y respetable. Pero, de forma un tanto paradójica, según la Biblia —que no se puede olvidar que es el texto básico que conforma nuestro pensamiento—, los celos y su pariente la envidia no solo están dentro de los primeros pecados de la humanidad, sino que son causa de graves problemas y violencia. Así que los celos, que definen al mismo Dios, son al tiempo gravemente peligrosos para los seres humanos. Eso es lo que nos muestra el episodio de Caín y Abel.

La fértil imaginación de los griegos, junto con la amabilidad de la naturaleza de la Grecia mediterránea, hizo que crearan dioses muy implicados en tramas noveladas, en las que estos se entrelazan con los seres humanos de una forma apasionada. Y así encontramos decenas de historias fascinantes y terribles sobre los celos y sus consecuencias. Elijamos una. Se trata de la historia de la ninfa Eco. Zeus, el dios de los dioses y esposo de Hera, tenía la justificada fama de ser muy mujeriego, y tanto diosas como mortales eran objeto de sus preferencias. En uno de esos episodios, Eco recibió el encargo de entretener a Hera —descrita como tremendamente celosa— para que no descubriera los avances amorosos de Zeus con otras ninfas. Cuando esta descubrió el engaño al que había sido sometida por Eco, se vengó de ella. (No estará de más empezar a observar que la venganza va a ser una de las características de la conducta de los celosos). Quiso que muriera, pero Zeus lo impidió, aunque ni el mismo padre de los dioses pudo impedir un castigo que fue inteligente y terrible. Fue condenada a no poder hablar por sí misma, sino a repetir lo que decían los otros. Incapacitada para el trato humano se retiró a los bosques, donde conoció a Narciso, que la ignoró, y acabó desesperada vagando tras él sin alimentarse ni descansar, de manera que de ella solo quedó su voz, repitiendo eternamente las palabras de los demás. Esa es la voz que encontramos en tantos paseos por el campo.

La lista de diosas y mujeres celosas de la Grecia clásica es impresionante, muy superior a la de hombres, dado que, en ese tiempo, en las sociedades agrícolas y patriarcales, las mujeres apenas podían vivir en sociedad si no estaban vinculadas a un hombre, por lo que la presencia de un tercero resultaba más amenazante para ellas —contrariamente a lo que ocurre en la actualidad, en que ellos son más celosos porque, en general, tienen más que perder—. Esa lista ofrece personajes de una belleza y una fuerza increíbles, y todas destacan por su refinamiento e inteligencia en la venganza, muy diferente de la del hombre, más brutal y automática. Es el caso de Deyanira, que, abandonada, crea un vestido para la futura esposa de Heracles, que hará que esta se queme viva cuando se lo ponga. O el de Medea, que asesina a sus propios hijos con tal de hacer daño a Jasón, que la ha abandonado de manera ignominiosa y cobarde.

Consideremos ahora la guerra de Troya, uno de los episodios más importantes en la elaboración de historias míticas. En pocos episodios de la mitología clásica se involucran los dioses y los hombres de manera tan intensa. Desde luego, esa guerra puede ser entendida de muchas maneras. Pero una de ellas nos interesa especialmente: Paris había raptado y seducido a Helena, la esposa de Agamenón. Los celos y la humillación estarían en el origen de la guerra más famosa de la humanidad.

Todas estas narraciones —las más antiguas producciones culturales—, en sus diferentes versiones, son historias amorosas. En cada una de ellas se entreteje el amor con otra de las grandes verdades humanas: los celos, es decir, la dificultad que suelen tener los seres humanos (o sus dioses) para aceptar la presencia del otro, la pérdida, el final, el fracaso... Muestran el amor como fuente de felicidad, pero también como fuente de desgracias. Porque, aunque sean diferentes, amor y celos aparecen juntos y nos señalan una verdad: hemos de aprender a gestionar esta doble realidad.

CAPÍTULO 2

Lo que se ha venido pensando

No carecemos de teorías acerca de los celos. Pero podemos establecer una categorización básica utilizando dos polos. Por un lado, están todas aquellas basadas en el psicoanálisis, que se centran en su componente personal, interior y, frecuentemente, inconsciente. Por otro lado, aquellas que vienen de la sociología, la comunicación y el análisis de los sistemas humanos, que se centran en comprenderlos como un producto de la relación que se da entre los cónyuges. Veamos esta polaridad con un poco más de detalle.

Dentro de las teorías que se centran en los celos como un fenómeno, las más importantes son las ideas de Freud y todas las escuelas que luego se han derivado de su pensamiento. Para él, se derivan de las relaciones infantiles y de lo que llamaba el complejo de Edipo, esa relación de apego con el progenitor de sexo diferente —que se produce de modo simultáneo a otra de rivalidad con el del mismo sexo—, y que está presente en todos los niños. Pero, aunque como teoría suena coherente, no está bien establecido que esos celos infantiles, bastante universales y lógicos, tengan una relación directa con los celos del adulto, aunque es probable que los niños que los viven intensamente, al llegar a la edad adulta puedan sentirlos de nuevo si se dan las circunstancias apropiadas.

Lo que sí parece una realidad es que constituyen algo universal en los seres humanos, aunque no tienen por qué anclarse en ningún tipo de experiencia específica. Sin embargo, parece que algún tipo de celos muy particulares, como los proyectivos o delirantes, sí tienen que ver más claramente con la infancia y con problemas en las relaciones familiares y los procesos de crianza: padres que se saltan los límites generacionales y tratan a sus hijos como si fueran amigos o compañeros, o aquellos hijos que han sido utilizados como cómplices, rehenes o armamento en las batallas de los progenitores.

El problema que tienen las sugerentes explicaciones que provienen del psicoanálisis es que son propias de las patologías mentales, suponen demasiados conflictos y se centran de manera casi única en el pasado de las relaciones familiares. Sí que parece cierto que en algunos tipos de celos esa aproximación parece la más interesante y útil, pero en muchos otros casos hay que estudiar el presente y la naturaleza actual de la relación entre los cónyuges para obtener una visión más real y práctica del tema.

Lo que sostienen los que se apoyan en la interacción humana y en el estudio de la comunicación es que no necesitamos unas teorías tan complejas para comprender los celos, sino que es más útil conectarlos con el tipo de relación que se está dando. En estas parejas, los celos son una forma de comunicación, engloban mensajes cifrados que hay que saber entender. En este caso, no interesa tanto por qué se producen, sino el cómo y el para qué. Consideremos un caso. Se trata de una pareja en la que él es un empresario exitoso, pero emocionalmente muy dependiente de su esposa, con la que mantiene una relación no conflictiva. Ella buscaba un hombre capaz y con éxito social y lo obtuvo, y en el inicio de su matrimonio disfrutaba de ser tratada como una princesa. El sexo no era bueno, pero tampoco malo. Pero, como suele pasar, cada vez que se obtiene lo que se desea, se deja de desear, porque solo se desea desde una cierta carencia. Enseguida se cansó de un marido exitoso en lo económico, pero soso y aburrido, y con el paso del tiempo las relaciones sexuales desaparecieron, no tanto por peleas entre ellos como por extinción. Entonces empezó a desear justo lo contrario de lo que era su marido: quería un hombre corpulento, activo y tosco con el que mantener unas relaciones sexuales fuertes. Lo encontró, y durante un tiempo tuvo una relación con él que le resultó muy poco satisfactoria. Quizá por ello empezó a comportarse de una manera tan torpe y evidente que parecía indicar que deseaba que su marido se enterase. Así ocurrió, y se produjo un conflicto espectacular. Se separaron por un tiempo; luego, acudieron a terapia. En las sesiones, los dos hablaron de lo que les gustaba en el sexo y de lo que no; de lo que les gustaba del otro y de lo que no, y de cómo habían sido las cosas en el pasado. Se abordaron muchos temas, pero lo importante ahora no es describir una terapia, sino el hecho de plantear tanto la aparición de los celos como la de las relaciones extraconyugales de ella y las de él (sexo de pago en algún viaje) como parte de un vasto y extraño sistema de comunicación entre ellos.

El mérito de los modelos comunicacionales o sistémicos es haber mostrado la necesidad de entender los celos también como el producto de una relación, y no como el producto exclusivo de una dinámica interior, y con frecuencia inconsciente, de la mente de cada una de las personas implicadas. También nos muestran como una de las grandes verdades acerca de las conductas sexuales que desencadenan los celos, que no siempre lo sexual tiene un significado sexual.

Un hombre se queja de que quiere tener relaciones sexuales con su mujer, y ella, sin embargo, no. Aun así, al llegar la noche, se dan a la tarea, repitiéndose siempre esta rutina: al empezar, él suele decir algo que molesta a la mujer y la pone celosa y ofendida, se enfadan y el sexo queda postergado. Y así sucede cada vez. Él piensa que ella es una persona frígida que no quiere tener relaciones eróticas con él. Ella piensa que él es un hombre interesado solo en el sexo. Lo más importante en esta interacción no es si estamos ante un problema psicológico en cada uno de los cónyuges, sino comprender cómo es posible esta especie de baile desgraciado y cómo los celos y las discusiones nos hablan de un mundo de significados no dichos.

CAPÍTULO 3

En los niños

Hay mucha información sobre los celos durante la niñez, pero lo que ahora nos va a interesar es ver si estos correlacionan con la conducta celosa adulta o bien si son equivalentes a los celos sexuales adultos.

Los celos en la infancia suelen aparecer a partir del año y medio de vida y tienden a prolongarse hasta los siete años, aproximadamente. Se suele creer que entre chicos del mismo sexo son más fuertes, ya que compiten directamente por el amor del progenitor del sexo opuesto, pero hay estudios que demuestran lo contrario, dado que las madres suelen prestar más atención al recién nacido cuando es de sexo diferente que el del hermano mayor. Lo que sí está comprobado es que son más frecuentes entre los niños que entre las niñas. La mayoría de los expertos coinciden en que la conducta celosa episódica infantil afecta aproximadamente al 50 % de la población, y en que, hasta cierto punto, corresponde a una respuesta normal ante el miedo de perder el amor materno. Se manifiestan con sentimientos de envidia, resentimiento, competitividad, afán de posesión y, en general, como una reacción emotiva cargada de ansiedad.

Existen distintas situaciones que pueden provocar el temor a perder el afecto de los padres o el sentimiento de haberlo perdido ya. Algunas son acontecimientos puntuales que no siempre ocurren en la vida de todo niño —nacimiento de un hermano, el favoritismo y las preferencias de los progenitores, la excesiva dependencia del niño hacia alguno de ellos— y otras pertenecen a las etapas lógicas del ciclo vital, como es el mero hecho de hacerse mayor.

En cualquier caso, muestran un fenómeno constante, que es el error de percepción en la propia estima y en la ajena, así como un error de valoración de los afectos de los padres. No se puede negar que las fuentes del sentimiento celoso en los primeros años de vida pueden ser reales, particularmente cuando los progenitores establecen comparaciones entre sus hijos que comportan un agravio comparativo para uno de ellos, pero también pueden ser imaginarias cuando el niño hace atribuciones erróneas o malinterpreta la valía o la intención, o las dos cosas, de sus padres, hermanos o compañeros.

Aunque esos celos infantiles son poderosos, no implican un antagonismo absoluto e implacable, ya que, junto con la cautela, la hostilidad, la mala disposición y las travesuras fraternales, se muestran también, generalmente, apego, cuidado e interés entre hermanos. Pero no todos los conflictos fraternales pueden atribuirse a los celos como competencia por el amor paterno, y muchas veces es más adecuado llamarle a esta conducta, en lugar de celos, simplemente rivalidad. Los niños entran en conflicto por muchas razones: por apropiarse de ciertos espacios, por las posesiones, por la autoridad moral y el reconocimiento entre sus pares, por problemas de lealtades entre ellos y por envida por las cualidades y los logros de unos y otros, pudiendo ser estas eventualidades exacerbadas por los celos.

Si bien el conflicto es algo lógico en los niños, el caso de los celos infantiles es específico, porque, igual que todo tipo de celos, está en función del mejor o peor desarrollo de la relación de apego entre madre e hijo; es más, esa relación es su aspecto central. Recordemos que el apego describe la necesidad de protección y cercanía que necesitan todos los mamíferos superiores, especialmente los primates y los humanos, y que se manifiesta a través del deseo del niño respecto a la proximidad física de su cuidador primario, generalmente su madre, a quien reclama su atención visual, auditiva y también sus frecuentes contactos táctiles. El psicólogo y etólogo J. Bowlby lo define como un vínculo afectivo que se desarrolla mediante la relación de interacción cotidiana a lo largo del primer año de vida, en el que la madre, como cuidadora principal de la crianza, genera una base segura para su infante. La dinámica deseable en la evolución de un bebé pide una fase de alto apego que, poco a poco, va desapareciendo a medida que el niño desarrolla autonomía e independencia. Pero no siempre se da así, no siempre las necesidades del niño son bien atendidas. Pueden ser demasiado satisfechas o insatisfechas. Y se convierten en tóxicas. Walter Riso y Boris Cyrulnik continuaron las ideas de Bowlby afirmando que existen cuatro tipos de apego: el seguro, el inseguro, el ambivalente y el evitativo.

El apego seguro se desarrolla gracias a una sensibilidad materna que interpreta de forma adecuada y da una respuesta contingente a las señales del niño. El ansioso o inseguro se genera cuando la madre —o quien haga su papel—, debido a sus propias ansiedades o carencias o bien por la existencia de una enfermedad física o un problema mental, necesita protegerse del niño, quien se vincula, entonces, con ansiedad o incluso con evitación o inmovilización frente a ella, lo que le dificulta desarrollar un sentimiento de confianza. La situación contraria a la del abandono o la evitación se produce cuando el cuidador se muestra tan sobreestimulante y entrometido que se vuelve excesivo y tóxico, propiciando que la reacción del niño sea defensiva y desarrolle también un apego evitativo o ansioso. Por último, algunos niños sujetos a un régimen imprevisible —por ambivalente— parecen llegar a un punto de desesperación en el que, en vez de desarrollar una conducta afectiva caracterizada por la ansiedad, muestran un relativo desapego, sin confiar aparentemente en los demás ni preocuparse por ellos. Todas estas conductas nos hablan de fallas en el establecimiento del vínculo materno-infantil.

Aquellos a los que se brinda una relación de apego escasa, fría u hostil tenderán a buscar refugio en su interior. Sin ese apego protector, tratarán de ser su propia fuente de seguridad y satisfacción. Se convierten en personas narcisistas, centradas en sí mismas, aisladas y que acaban por considerar a los demás objetos de uso, objetos a los que poseer y sin los cuales la ansiedad sería insoportable. No es esta una evolución tan extraña o infrecuente. Los cuentos infantiles tradicionales ya describen esta situación. Así, tenemos a la madrastra de Blancanieves —aunque, en realidad, es una hermosa reina— que necesita todos los días saber, no ya si es hermosa, que lo es, sino si hay alguien más hermoso que ella. Y, cuando descubre que sí (siempre lo hay, ya que la hermosura no es objetiva o cuantificable), tiene miedo, se siente ansiosa, ataca a la otra persona y rompe el espejo. Esto es algo que encontramos siempre en las personas celosas.

Aún no tenemos una comprensión clara de la relación que hay, si es que la hay, entre los celos infantiles y los celos sexuales adultos. Los celos en los niños son invasores y aparecen muy pronto, pero no son necesariamente un rasgo estable de algunos de ellos, y menos podemos afirmar que se prolonguen a la edad adulta. Con la posible excepción de la tendencia que, a causa de ellos, pueda darse en ocasiones, en algún niño, de volverse retraído y ansioso. Gran parte de los efectos parecen simplemente relacionados con la situación a la que se enfrenta, esto es, con la atención que ha recibido previamente, el modo en que los padres han preparado la llegada del hermano, la atención que prestan al bebé, el cuidado que ponen en satisfacer las necesidades inmediatas del niño potencialmente celoso. Todas estas son situaciones coyunturales que, si bien pueden afectar en el momento, no anteceden la generación de una personalidad celosa en la adultez. Y la situación opuesta también parece verdad: no es necesario haber experimentado muchos celos de niño para vivenciarlos posteriormente.

En definitiva, podemos resumir este controvertido tema diciendo que, si bien no se encuentran certezas de que los celos adultos sean una reproducción de emociones infantiles (salvo por aquellos que se empeñan en ver todas la emociones de los adultos fundadas en reacciones infantiles —conscientes e inconscientes—), es imposible dejar de considerar la importancia de las primitivas estructuras familiares, muchas de ellas inconscientes, al adentrarnos en el estudio de la experiencia celosa, y tratando de no caer en una excesiva simplificación, podríamos poner los celos, todo tipo de celos, en función de la calidad del desarrollo de la relación de apego.

CAPÍTULO 4

¿Será el amor?

Una buena parte del origen de los celos estriba en que nuestras relaciones se basan en un concepto de amor falso, romántico, que se presenta como la forma auténtica de amor. Y es idealista y falso porque se trata de una concepción en la que se mezcla una relación institucionalizada con una amorosa que se pretende libre y no dependiente. Pero ambas cosas simultáneamente son prácticamente imposibles, por lo que pretenderlas solo lleva a la frustración y a la sospecha de que uno u otro —incluso ambos— no son suficientemente buenos. La agresividad y la violencia no andan, entonces, lejos.

El amor, ciertamente, tiene buena prensa. Dostoyevski lo dice en los hermanos Karamazov: "El infierno es no poder amar". ¡Y quién no lo suscribiría! Freud, con esa lucidez pesimista que le caracterizaba, precisaba: "Amar es sufrir; no amar es enfermar".

Y sí, el amor es una experiencia a la vez deseable e imposible. Ilimitado, afirmaba Julieta ante Romeo, pero en realidad limitado y condicionado cuando se habla de una relación real. Quizá por eso los amores más perfectos son los que no se consuman, como el de Tristán e Isolda, aquellos que no llegan a ver su imposibilidad.

Parece que el amor es algo universal y eterno, y se suele ignorar que el amor, tal y como lo conocemos en Occidente, se desarrolla alrededor del año mil en la actual Provenza francesa. Pero ese amor cortés de los trovadores es un canto a la alegría de vivir; la expresión de una experiencia intelectual y emocional, no la descripción de una relación humana realizable que se pueda copiar o a la que aspirar.

Con el paso del tiempo, ocurrió que del amor unilateral del caballero a su dama se pasó a otro de naturaleza recíproca. Que el amor pudiera ser compartido, que dos personas pudieran sentir un deseo común fue, en ese momento, una idea revolucionaria. Pero la influencia del cristianismo fue decisiva para la transformación de esa reciprocidad, producto del deseo, en una relación que pudiera encajar en un dispositivo matrimonial. Por un lado, fue concebida como "romántica", eliminando, de ese modo, el componente sexual y poniendo el acento en lo sublime, en la comunicación espiritual, en el compartir, en el complemento. Y, por otro, su componente erótico fue sometido a rígidas regulaciones y exclusiones, quedando muy vinculado a la reproducción. Una división que nunca ha funcionado bien.

Por ello, se han desarrollado una serie de prejuicios alrededor del amor que tienen un doble efecto. Por un lado, apuntalan la lógica del amor romántico e institucional, pero, por otro, crean ideas imposibles de realizar que solo conducen al sufrimiento o a la desconfianza, que suelen aparecer después en forma de celos.

Veamos algunos de estos prejuicios que se encuentran en el pensamiento habitual.

1. Uno cree que ha elegido la pareja que tenía predestinada, la que le encaja y que, por tanto, ha sido la única buena elección posible. Es la idea de la media naranja. Y si

vive en las antípodas, ¿cuál es la opción?, ¿la soltería?, ¿el error?

2. No es posible amar a dos personas simultáneamente, porque el amor auténtico solo puede sentirse por una. Cuando la experiencia muestra que eso sí ocurre, es descalificada e interpretada como signo de alteración mental o como prueba fehaciente de que quizá no se quiera a ninguna de las dos.
3. El amor debe conducir a la unión estable de la pareja y constituirse en la base del matrimonio. Debe, según este prejuicio, estabilizarse en un modo institucional y en forma de convivencia domiciliaria. Olvida así el hecho de que el deseo solo vive en una cierta ausencia. Y olvida asimismo las múltiples formas de convivencia que van poco a poco abriéndose camino.
4. El amor lo puede todo, lo merece todo… y, por tanto, si es verdadero nada debe influir en él, ningún obstáculo, ninguna contingencia. No se acabará nunca. Es algo que las personas que se han casado mediante el rito católico habrán oído. Y si, por debilidades humanas, no va bien, la opción es clara: "Sufre, ya gozarás en otra vida…".
5. Todos los deseos pasionales, románticos y eróticos deben satisfacerse exclusivamente con la propia pareja. Es el prejuicio de la exclusividad, que olvida que uno se casa con una persona, pero el deseo y la libertad no se casan con nadie.
6. El amor y el enamoramiento son equivalentes y, por tanto, si uno deja de estar apasionadamente enamorado es que ya no ama a su pareja. Olvida este prejuicio de que el enamoramiento es, por su naturaleza, temporal y ficticio, aunque emocionalmente poderoso.

Y derivado de estos prejuicios podemos señalar uno más, especialmente relevante para nosotros: los celos son signo, e incluso requisito indispensable, del verdadero amor. En este caso, el prejuicio y su mistificación de la realidad son especialmente dramáticos, porque causan mucha violencia y muerte cuando las personas, sobre todo las mujeres, creen en ello y, en consecuencia, no tratan de pararlos hasta que ya suele ser muy tarde.

Estas y otras creencias que no mencionamos son de gran importancia, porque a menudo no se consideran prejuicios, sino un exigente desiderátum al que uno tiene que tratar de llegar. La familia, los medios de comunicación, los amigos, la sociedad en su conjunto estimulan y piden que uno se esfuerce por ellos, sin importar que su inhumanidad cause tanto sufrimiento y violencia.

CAPÍTULO 5

El amor caníbal

Es el amor el problema. Un amor caníbal en el que cada uno devora los afectos y la inteligencia del otro. Es cierto que el machismo, el patriarcado, la sociedad de consumo generan celos, pero es el amor romántico, el amor idealizado, el principal responsable de los celos y de la violencia en las relaciones eróticas. El romanticismo, al situarse en un mundo ideal, claro y sin contradicciones, nos hace olvidar que todo amor está hecho de incertidumbre y de riesgo. Siempre ignoramos el final. Por eso, quizá la mejor definición del celoso sea la de aquel que no tolera la incertidumbre, por lo que busca a toda costa disminuirla y, sin darse cuenta, se dirige hacia la creación de un amor suicida. Su petición es clara: "Todo lo tendrás conmigo. Aislados del mundo, yo lo seré todo para ti, y tú todo para mí. No necesitaremos más para ser felices". Pero pretender introducirse en el núcleo opaco del otro es destruirlo como objeto amoroso con el que tener una relación, porque al ser tan diáfano, tan plano y normal, ya no genera deseo, ni tiene ninguna dosis de misterio, de modo que ese amor total se marchita en cuanto se consigue, y, ante ese fracaso, solo queda la autoculpabilización o la culpabilización del otro en forma de desconfianza: se estimulan los celos. El celoso se ahoga en sus sentimientos de pérdida y amenaza, lo que lo lleva a la realización de numerosos actos de control. Cuando eso falla, es demoledor, y lleva a aumentar el control y la suspicacia, lo que acabará por alterar las relaciones, no solo con la persona amada, sino también con todos los demás.

Por otra parte, es necesario considerar que, la mayoría de las veces, la relación amorosa tiene una lógica incompatible con la lógica de la institución matrimonial. El desamor se convierte entonces en el horizonte más frecuente de los amantes, como confirman las estadísticas de divorcio, infidelidad, celos y, lo que es peor, de maltrato. El fracaso de la relación amorosa concebida de tal guisa cae en los varones como la última gota que desborda el vaso. ¿Qué vaso? El del valor de la masculinidad. Hoy en día apenas se puede decir qué es un hombre y qué es una mujer. Pero lo que sí se puede decir es que lo que era tradicionalmente "un hombre" ha perdido su sentido. Ya no es el dueño ni del dinero, ni del trabajo, ni de la sabiduría, ni siquiera de la semilla de la paternidad (hay bancos de semen). Para muchos de ellos su valía ha desaparecido. La respuesta lógica es el miedo. A partir de ahí hay dos caminos. O genera una posición de valor y de deseo que ofrecer a la mujer, o el miedo lo llevará a una situación de ansiedad o depresión. Y, si estas crecen, podrán desembocar en la violencia. Eso es, precisamente, lo que está pasando. Por ello, considerar el tema del amor se ha convertido en uno de los problemas más importantes de salud pública. Porque, a pesar del desarrollo cultural, de los miles de años pasados, somos seres muy primitivos aún. Por eso ocurre que incluso los nuevos comportamientos amorosos que se van observando en el inicio del siglo XXI desencadenan todavía las viejas, rudas y torpes respuestas emocionales de aquellos primeros seres humanos que allá por el Paleolítico iniciaban su camino como seres culturales. Ahora, como entonces, aparece la decepción, la rabia o el despecho cuando se comprueba, o simplemente se piensa, que el amor no es total. Tenemos miedo a las serpientes, aun cuando en la experiencia de la mayoría de los seres humanos jamás ha habido una. Y tenemos celos relacionados con la garantía de la paternidad y de la transmisión genética, como si ese fuera el mandato primordial de la especie humana.

Es interesante destacar que los celos crecen más allí donde una persona acepta las diversas formas de chantaje que propone el celoso. Pero si uno piensa, puede darse cuenta de que es posible querer a una persona, pero no la relación que esta propone. El celoso ha de abandonar su creencia de que el amor que se da gratis, el que no espera nada a cambio, es lo máximo del amor humano; ha de aprender que el amor es un intercambio, una relación igualitaria. Responsable, arriesgada, provisional. Nunca incondicional. Siempre es con condiciones, de otro modo es un amor caníbal.

Nadie es independiente del medio. Amar es depender del otro como antaño se dependió de la madre o de quien hiciera esa labor. Uno no se despega totalmente de su origen biológico de ser necesitado, dependiente y apegado a partir del que nos hacemos humanos. Pero muchas veces esa dependencia total y exclusiva continúa a lo largo de la vida, como en el caso de los celos, cuando no se puede admitir que una de las más perfectas definiciones del amor se hace en negativo: el amor es lo que deja inconsolable.

CAPÍTULO 6

Somos seres que desean y desean y desean...

El filósofo francés Gilles Deleuze describe a los seres humanos como "máquinas deseantes". Afirma algo que nos parece muy importante: siempre estamos deseando. Probablemente, la base general de la experiencia humana sea esa capacidad. "Ser humano" es "ser deseante". El deseo es, además, inagotable. A más deseo, más deseo, que genera, a su vez, deseo. Por eso desear es difícil, pues, como acto, inaugura un mundo de incertidumbre, desobediencia e intensidad.

Los mitos y las religiones nos previenen contra él: las sirenas de Ulises, cuyos hermosos cánticos volverían loco a cualquiera que los escuchase; o Pasífae, cuyo deseo por el toro generó al monstruoso Minotauro. O, más claro: el mito del andrógino, del que ya hablamos en este libro, según el cual somos seres incompletos —solo hombres, solo mujeres—, y la búsqueda de la completitud es tan imposible que solo puede hacernos desgraciados. Nunca estaremos satisfechos.

Lacan hizo una diferencia muy importante entre necesidades y demandas. Las necesidades pueden ser satisfechas —uno puede tener necesidad de comida, de sexo, de poder, de dinero, y con mayor o menor trabajo y empeño puede obtenerlos—, pero el amor no es una necesidad, sino una demanda, y esta nunca podrá ser completamente satisfecha, porque es inagotable, ni se acaba ni se llena con nada… es siempre imposible…, por lo que, al final, nos dejará insatisfechos.

Y a partir de eso comienzan los problemas. Al enfrentarnos al hecho de que esa satisfacción es irrealizable, nos sentimos en falta, pensamos que algo hicimos mal… También podemos atribuir esa insatisfacción a la conducta del cónyuge, y pensar que es él quien está actuando mal, que no quiere darnos el amor que necesitamos y merecemos. Es a esa acusación, a ese dolor, a lo que llamamos celos, que constituyen entonces un problema derivado del hecho de tener deseos, pero no tienen que ver con el amor. Son derivados, pero nunca sinónimos. Entonces, si los celos no tienen que ver con el amor, ¿con qué se relacionan? El celoso intenta establecer una relación de posesión con otro, sea real o imaginaria, porque desear es desear poseer, de modo que los celos tienen que ver con el amor a uno mismo y con ese deseo de posesión. Esto es lo que muestran tantas historias de matrimonios en las que, aunque ya no hay amor, sí hay posesión: "Me perteneces". Pero, dado que no lo tenemos y que, al final, nunca lo tendremos del todo, siempre se produce una herida, una carencia, un dolor que se maneja con dificultad.

Podemos desear lo que nos falta: es el reino de la carencia. Podemos desear lo que no nos falta: es el reino del amor; el deseo liberado de la carencia.

CAPÍTULO 7

Amor y posesión

Solo para mí, de la cuna a la tumba
VICENTE ARANDA, *Celos*

Todo deseo es deseo de algo. Por tanto, desear es desear tener. Los celos surgen cuando ese afán de tener, de poseer, es exagerado, no solo por su exigencia de exclusividad, sino también por formularla de forma imposible: "Me perteneces" (o su complementario: "Soy todo tuyo"). Vistos desde este ángulo, expresan más un sentido de propiedad que un deseo erótico o un sentimiento amoroso. Sin embargo, esta confusión entre amor y celos es un fenómeno tan común en nuestra sociedad que es incluso estimulada por los propios amantes: "Me gusta que tengas celos".

Hablamos de posesión cuando una persona es un objeto para el uso de la otra, que es el dador de confort, dinero, sexo, prestigio, protección, sin ningún intercambio. Pero ¿cómo es que una interacción así de elemental y grosera pueda darse, ya sea abierta o sigilosamente, con tanta frecuencia en las relaciones amorosas? Quizá se deba a que uno de los deseos más profundos de los seres humanos es el de ser únicos y exclusivos. No hay que olvidar que desde los primeros años de vida nos acostumbramos a la presencia total de una madre que atiende todas las necesidades. El primer trauma de la existencia es comprobar que ni somos *tan* exclusivos ni lo que se pensaba eterno es tal.

Evolucionamos gracias a nuestra condición de criaturas necesitadas, dependientes y apegadas; eso es lo que nos constituyó como seres humanos. Esa necesidad del otro para subsistir y crecer, ese gusto por la cercanía con los demás, es el distintivo de lo humano. Amar, entonces, es también depender, y comprendemos el amor dentro de los parámetros de la necesidad, la dependencia y el apego, que son, como casi todo, buenos y malos. Es útil y creativo el derivado de la pegajosidad natural de los mamíferos que describe el biólogo chileno Humberto Maturana, que se refiere al placer que sentimos al estar físicamente al lado de la persona que amamos, al placer de la certeza y confianza que nos da la presencia del otro. Pero hay otro apego que nos lleva a anhelar poseer a alguien para que nos satisfaga en todo y siempre, para que nos confirme y consuele, nos colme, nos contenga... Es un anhelo interno, a veces consciente y demandado, a veces escondido, pero siempre presente. Del mismo modo, soñamos con la posibilidad de ser todo eso para el otro, su todo, su siempre... Este tipo de apego no solo es difícil de sostener, sino que es destructivo e imposible. Aparece claro en la oferta amorosa: "Déjame poseerte, poséeme; déjame depender; depende...", la cual, al principio, lejos de verse como algo humillante o indigno, se convierte en un dulce sentimiento, pero solo por un tiempo... Al paso de los años, el amor se convierte en dependencia; y la relación, en una trampa para ambos.

Vemos, pues, cómo el sentimiento de pertenencia se halla fuertemente anclado al apego temprano, a la disponibilidad afectiva que se da en el seno de las primeras relaciones, pero se hace peligroso si lo pretendemos llevar más allá de los primeros tiempos de la vida y se convierte en una necesidad de apego constante. En este sentido, los celos posesivos no tienen que ver con el amor al otro, sino con el amor a uno mismo, con nuestros deseos de poseer al objeto amado, de retenerlo a cualquier costa; con nuestra debilidad de seres frágiles. Esto lo muestran con gran claridad infinidad de historias de matrimonios en las que, aunque ya no hay amor, sí hay posesión, como se expresa en el lenguaje que se utiliza: "tú eres mío", "tú eres mía", "él es *mi* hombre", "come en *mi* mesa", "de *mi* desayuno", "con *mi* cuchara".

Queremos poseer, pues tememos perder a la persona que "amamos", pero poseer es una metáfora, no se puede poseer a nadie. Dado, pues, que en la realidad es imposible esa posesión, pero en la fantasía la vivimos como factible, se generan relaciones donde el "amado" teme, obedece, se somete, pero a cambio de dejar de amar; es decir, se puede esclavizar u obligar, pero tiene un coste, ya que, si esto ocurre en el seno de una relación que nació como amorosa, la destruye por completo. De hecho, una buena parte de las relaciones patriarcales con un hombre proveedor del sustento y una madre gestora del hogar acaban convirtiéndose en un sistema de relaciones complementarias que se parece más a las que mantienen un amo y un esclavo que a una relación amorosa. Por otra parte, la combinación de querer poseer todo y basar en ello la identidad personal es muy peligrosa, de modo que cuando la posesión del ser amado es lo que da estatus o prestigio y, de algún modo, sentido a la vida, el fracaso acecha, y aparecen con facilidad las actitudes vigilantes y suspicaces de los celos: "No puedo perderte, nunca...". De ahí la amenaza que persigue al celoso: perder a su objeto de amor es perder todo, es perderse a sí mismo, y, mientras más profundamente cuida de esa propiedad, más vulnerable se vuelve.

Por otra parte, es necesario considerar que, por su parte, la vida de pareja en sí misma, basada en antecedentes románticos, también tiende a demandar equivocadamente una relación total. En tanto que el amor no es una necesidad que pueda satisfacerse totalmente, menos aún por una sola persona, siempre nos quedaremos deseando tener más..., más atención, más afecto, más compromiso, más cuidados, más erotismo; al final, más amor..., tal como señalamos en el capítulo anterior. Ante la insuficiencia y la imposibilidad de lograr esa relación total, se abre un escenario de insatisfacción, se sospecha como posible la existencia de un "otro", un tercero que aporte algo más, que remplace, que complemente, que sume. Y, entonces, también se abre la entrada a los celos. Se hace necesario señalar que esa petición de totalidad en las relaciones amorosas es inevitable cuando concebimos la relación con el otro como un intercambio de complementariedades: tú tienes y aportas lo que yo no tengo ni puedo generarme... Intercambio que, al final, exige una mutua sumisión, una mutua dependencia, ya que el otro "me completa", me es indispensable.

También es verdad que una persona celosa sin razones para ello puede, por sus excesos, acabar celando con fundamento o, finalmente, siendo abandonada. El propio refranero español lo señala: "Los celos, a veces, despiertan a quien duerme". Vivir con una persona celosa no es fácil, y puede complicar al máximo la relación.

CAPÍTULO 8

Yo no soy celoso

Puede haber, decía Miguel de Cervantes, amor sin celos, pero no sin temores. El amor puede sentir temor, desencanto, frustración, pero no necesariamente celos, ya que estos no tienen relación con el amor. Sin embargo, vinculados como están a la capacidad humana de desear, siempre pueden estar presentes en las relaciones amorosas.

No se puede no ser celoso. Quien así lo dice, o ignora casi todo de sí mismo o miente. Afirmamos que somos seres que desean, y que todo deseo es deseo de tenerlo todo, y esto no siempre es posible —y menos en el territorio del amor, por su propia naturaleza—. Ocurre, entonces, que el amor, que siempre tiene también un rostro negativo —"perjuro, falso, engañador", decía Juan de la Encina—, nos deja lejos de la satisfacción, inconsolables, como señalábamos anteriormente. Por eso es gozo y dolor. Siempre duele. Pero la partida no acaba aquí.

Tras esa lógica insatisfacción, la probabilidad de que aparezcan celos va a ser muy alta, especialmente si se suman situaciones amenazantes. Este último aspecto es central: cuando alguien dice que no es celoso, ha de añadir en qué circunstancias. Si bien es cierto que hay gente que nunca los ha sentido, es porque no han estado en una circunstancia tal que se los haya desatado, porque son tremendamente situacionales y aparecen de repente, cuando el contexto es propicio.

La película *Carta a tres esposas*, de Mankiewicz, ilustra perfectamente esta realidad. Cuatro amigas han quedado para acompañar a los niños del pueblo a una excursión. Mientras las tres primeras en llegar esperan a la que falta, llega un mensajero con una nota de esta en la que las informa de que se va del pueblo para siempre, y de que lo hace con uno de sus maridos. La película ha iniciado mostrándonos cómo cada una de ellas realizaba esa mañana alguna actividad inusual, de forma que tanto ellas mismas como los espectadores entran, tras la misiva, en la duda: ¿con quién se irá? A partir de ahí se desatan las sospechas, las dudas y los celos en unas personas que hasta unos minutos antes no los sentían: los celos, ya dijimos, son situacionales.

Y si son tan universales, si todo el mundo puede sentirlos, ¿a qué se debe que se oculten tanto, que no se admitan? La primera explicación es una que ya mencionamos: suponen admitir una cierta debilidad personal. Ampliemos esta idea.

Al celoso no le gusta reconocerse como tal, porque implica mostrar un sufrimiento y una debilidad. Recordemos a Barthes cuando afirmaba:

Como celoso sufro cuatro veces:

- Porque estoy celoso.
- Porque me reprocho el estarlo.
- Porque temo que mis celos hieran a otro.
- Porque me dejo someter a una nadería.

Es decir, se sufre por ser excluido, por ser loco, por ser agresivo y por ser ordinario.

El celoso piensa, con cierta razón, que eso dice algo malo, no solo de su capacidad de amar, sino del tipo de persona que es. Desde luego, no es una buena tarjeta de presentación. Cualquier terapeuta y hasta muchos amigos desaconsejarían a una persona que se vinculara con un celoso. Porque, aunque los celos no tienen que ver con el amor, sí pueden, como tantas otras actitudes, matarlo.

Aún se discute por los expertos si los celos son universales o no. Los que piensan que no aportan el ejemplo de algunas sociedades en Polinesia o África en las que no existirían. No lo creemos. Lo que ocurre con frecuencia es que los celos se expresan de otra manera y en otras situaciones. Los inuit, que ceden su esposa a un viajero, lo hacen en situaciones específicas y ritualizadas. Fuera de ellas, desde luego que hay celos y violencia en ocasiones.

Habrá quedado claro que no hay manera alguna de protegerse, de vacunarse contra los celos. Querer basarse en certezas absolutas es contraproducente, porque nos quita todo el riesgo y toda la libertad, al tiempo que basarse en la posesión y el control aniquila al ser amado. De eso nos avisa una hermosa canción de Joaquín Sabina, *Pastillas para no soñar*. En ella da un resumen de las dos grandes opciones que vamos a tener: "Si lo que quieres es vivir cien años / no pruebes los licores del placer. / Si eres alérgico a los desengaños / olvídate de esa mujer. / Compra una máscara antigás, / mantente dentro de la ley. / Si lo que quieres es vivir cien años / haz músculos de cinco a seis. / Y ponte gomina que no te despeine / el vientecillo de la libertad. / Funda un hogar en el que nunca reine / más rey que la seguridad. / (...) / Si lo que quieres es vivir cien años / vacúnate contra el azar. (...) y si protesta el corazón / en la farmacia puedes preguntar: / ¿Tiene pastillas para no soñar? / (...) Es peligroso que tu piel desnuda / roce otra piel sin esterilizar, / que no se infiltre el virus de la duda / en tu cama matrimonial...".

La alternativa es el riesgo, el vivir dentro de cierto peligro, en medio de dudas..., lo que, si bien tampoco es fácil, se acerca más al comportamiento necesario en las relaciones amorosas.

CAPÍTULO 9

Siempre estamos en falta

El problema más grande con el que se enfrenta la persona celosa es aceptar que somos seres incompletos, ansiosos y con una sensación permanente de falta, de defecto. Quizá es a esa sensación tan humana a la que se han referido desde el mito del pecado original hasta las teorías freudianas.

Que existe la realidad y la fantasía todo el mundo lo sabe, así como que existen los hombres y las mujeres. Sin embargo, ninguna de esas divisiones es tan sencilla y clara como parece. Y aquí el error puede conducir a muchos problemas y a la aparición en la relación amorosa del mayor monstruo del mundo: los celos.

Un hombre y una mujer se enamoran. Un día, tomando un café en la casa de ella, él observa en la estantería una pequeña foto en la que la mujer, de perfil, levanta su jersey con una mano descubriendo un pecho, mientras que, con el otro brazo, oculta su cara, exceptuando el ojo que mira al fotógrafo. El hombre no sabe nada de esa foto ni de su contexto, pero es obvio su valor: una mujer está expresando, de forma visual —en una fotografía tomada probablemente por un amante—, su realidad como persona que desea y se exhibe como objeto de deseo sin temor. Es una fotografía acerca del deseo.

Los celos que surgen, de nuevo situacionales, hacen la foto insoportable para el hombre, que ha de hacer una compleja operación mental para no llenarse de una celosa ansiedad desbordada. No trata de negar que la foto existe ni de creer que está dirigida a él. No se trata, por tanto, de soluciones propias de una perversión o una psicosis. No, lo que él hace es negar el presente de su relación con la mujer. Niega que, ahora, la mirada y el deseo de esa mujer estén dirigidos a él, de la misma manera que en otra ocasión estuvieron dirigidos a otra persona, como ilustra la fotografía. A otros hombres, sí, pero en otra época. Y como ese pasado le resulta insoportable, recurre a cancelar también el presente, negando la nueva relación amorosa que se estaba generando.

¿Por qué ese hombre haría algo que le perjudica a él y a su amor? La respuesta es clara: porque no le perjudica. Le ayuda —desgraciadamente, podríamos añadir—. Los hombres no soportan fácilmente ser el objeto de deseo, concretamente ser el objeto de deseo de una mujer. Se sienten amenazados, asustados e impotentes ante una fuerza y una entrega que no reconocen, y recurren a poner un obstáculo que sitúan en el exterior, fuera de ellos: ella no me quiere, quiere a otro, soy de segunda división, no soy el amor de su vida, el otro era más... En suma, desarrollan celos, un tipo de celos muy particulares y difíciles, porque se vinculan con lo que se puede considerar una falta, una falla básica en los hombres.

Volvamos al hombre de la fotografía. ¿De dónde viene ese temor al deseo de la mujer? De su impredecibilidad. El hombre nunca sabe cuál va a ser la respuesta de una mujer a sus proposiciones. Para defenderse de esa ansiedad, la considera como un objeto erótico inerte que solo posee belleza física que él puede conseguir; un elemento para sus fantasías, que incluyen que de ella no emerja ningún deseo.

Al llegar a la relación sexual, los hombres, ya afectados por la situación de celos, se encontrarán con otro grave problema: verán que la mujer no está tan interesada en esa relación concreta en sí como en la incorporación de ese placer, de ese acto, a una narración, a una comprensión de sí misma. La mujer simboliza; para ella, lo erótico no es tanto un intercambio de cuerpos como la expresión simbólica de una relación amorosa. El hombre, en cambio, actúa, y no suele entender esta realidad de la mujer; él no puede construir una narración, se vive impotente en este terreno, por lo que, desconcertado, le pregunta compulsivamente por su orgasmo, y si no obtiene una confirmación sexual y objetiva, sospecha, tiene celos o se lanza a proponer actos más o menos perversos o hasta violentos, buscando cierta sensación de seguridad, de terreno conocido. Pero no seguir con esta estrategia tan torpe introduciría al hombre en un peligro mayor: la impotencia.

Una carencia básica que lo lleva a anular a la mujer. De este modo, la niega, desconfía, la mortifica... y en último (aunque frecuente) extremo, la mata. En el mejor de los casos la posición del hombre no es tan dura y se plantea lo erótico como una descarga, a veces literalmente una descarga seminal, estrategia para acabar rápido y no sentir el deseo de la mujer. Coger y nada más, o bien desarrollar una eyaculación precoz.

Todo esto va a generar que los celos ya no lo dejen vivir en paz. Toda la realidad es ya una realidad celosa.

CAPÍTULO 10

Hombres celosos, mujeres celosas

¿Existen entre hombres y mujeres diferencias significativas en el modo de experimentar los celos, así como en la forma de manifestarlos? ¿Varían entre hombres y mujeres las situaciones que desencadenan esta intensa emoción? ¿Hombres y mujeres se viven amenazados de forma distinta ante el posible abandono o la pérdida del amante en sus relaciones amorosas? Hombres... Mujeres...

No es aconsejable simplificar en este tema. Tenemos que reconocer que las diferencias que puede haber entre hombres y mujeres en la experiencia de los celos son multifactoriales, incluyendo las predisposiciones temperamentales genéticamente determinadas. Sin embargo, no creemos en las teorías que afirman que la base fundamental de los celos sea de naturaleza biológica, como expondremos en el capítulo posterior. Esas teorías tratan de justificar la naturalidad de la cultura patriarcal y machista. Y con ello admiten que el hombre "macho" tenga poca tolerancia a que la mujer trabaje fuera de casa, tenga amistades y menos aún lo cuestione y opine. ¡Ni hablar si rechaza un encuentro sexual marital! Al mismo tiempo, este tipo de hombre es el que tiende a vivir una dualidad entre mujer "madre" y mujer "puta"; ambas insatisfactorias.

El movimiento feminista no ha dejado de señalar cómo lo que en el hombre es justificable en la mujer es condenable.

No solo se espera de ella que despliegue en el hogar el ideal de mujer, sino que en las conductas amorosas muestre recato y pasividad, dado que su conducta, además de amenazarlo en la intimidad, a la luz pública afecta directamente al honor y la vergüenza de "su hombre". Transgredir la autoridad masculina podría justificar el uso del maltrato con el argumento de corregir alguna conducta desafiante: "¿Cómo una mujer va a burlarse de él y de su honor?". Aunque también podemos decir, parafraseando a Bob Dylan, que, lentamente, los tiempos están cambiando.

Por su lado, las mujeres crecen educadas con el mandato de que se deben a "sus hombres". Con frecuencia siguen jugando, con mayor o menor grado de consciencia, el juego de la obediencia y la abnegación. Se muestran indefensas y resignadas y, en medio de esa ambivalencia, anhelan un hombre fuerte y dominante que las proteja, que les dé un lugar en la sociedad y que las mantenga.

Una vez establecido que las diferencias en la manera de vivir los celos se deben a múltiples factores, nos interesa ahora adentrarnos en el territorio de la cultura. Así, las diferencias entre los hombres y las mujeres corresponden en proporción significativa a una construcción social responsable de las creencias aprendidas sobre el papel que juega cada uno en el desempeño de sus roles. Ambos actúan de acuerdo con los conceptos dominantes de feminidad y masculinidad que en su cultura han asumido. Por tanto, de acuerdo con un estereotipo, los hombres también son más celosos de las intrusiones explícitamente sexuales, mientras que a las mujeres les preocupa más todo aquello que pueda significar una pérdida de apoyo. Esta idea forma parte de un concepto clave: los hombres son sexuados y pueden permitirse "sus cosas" mientras lleven dinero a la casa. Las mujeres no, siguen siendo "domésticas".

Si bien la existencia de diferencias de privilegios entre hombres y mujeres sigue siendo un tema básico (particularmente en países en vías de desarrollo, en contextos rurales, etcétera, donde las mujeres se encuentran aún en una posición francamente marginal), la tendencia del mundo actual, con el impacto del feminismo y la consecuente decadencia del patriarcado, plantea a los hombres un desafío ante el cual no han sabido bien cómo posicionarse ni responder como colectivo. Veamos algo más de este asunto.

Algunos datos estadísticos nos muestran que en la actualidad los hombres mueren antes que las mujeres, tienen más accidentes y se suicidan más. Esto no se debe a causas biológicas. Ocurre que los hombres asumen muchos más riesgos —de hecho, riesgos absurdos—, como en el caso de las carreras de coches y de diversas apuestas temerarias a las que se someten para hacer alarde de su "virilidad". La masculinidad se asocia en casi todas las culturas con esta valentía caricaturesca, llena de osadía y estupidez. ¿Por qué hacen esto? Pareciera que es la forma que han conseguido para mantenerse en una "posición dominante". Sí, a cambio de vivir menos.

La transformación de la sociedad ha hecho que en los hombres se produzca una situación doble: un aumento de la agresividad y una disminución de la abnegación. Es común bromear alrededor de la escena de un hombre enfermo de un simple catarro demandando atenciones de moribundo... También son frecuentes las conversaciones en torno a conductas masculinas "heroicas", en las que la agresividad es la constante. La combinación del exceso de una y el defecto de la otra coloca a los hombres en una situación muy complicada: en la actualidad, ninguna de las dos cosas tiene mucho valor, y menos aún en las relaciones de pareja. Los hombres no saben para dónde moverse, no conocen patrones de comportamiento más funcionales y, por tanto, se quedan sin nada que hacer o desarrollan un tipo de amor "masculino" que resulta caballeresco: protegen, cuidan, miman a las mujeres en un contexto social en el que ya no es necesario. Además, proteger a las mujeres... ¿de qué? No lo dicen, pues la respuesta a veces es evidente: las protegen de ellos mismos.

Cada vez es más cierto que las mujeres no necesitan hombres que las cuiden. ¿Qué hacen ellos ante esta encrucijada?, ¿para qué sirven? Se están viviendo como el sexo débil: no saben qué hacer, sus estrategias de virilidad ya no sirven. En la actualidad, para ser valorados, deseados, necesitan saber y tener muchas cosas no habituales para la masculinidad tradicional.

Desde esta óptica, la tendencia del hombre dentro de una situación matrimonial, o bien dentro de una relación amorosa comprometida, es la de experimentar miedo. Se desarrolla un miedo que nunca habían tenido, lo que los hace propensos a la depresión o a la ansiedad, que, no reconocidas y mal manejadas, se tornan en celos depresivos y ansiosos, propensos a desencadenar un tipo de violencia.

¿Y qué es lo que han perdido los hombres que se encuentran llenos de inseguridad y propensos a tornarse terriblemente celosos?

- En primer lugar, han perdido el débito conyugal: las mujeres estaban obligadas a tener relaciones sexuales con sus maridos cuando ellos quisieran. Ahora, "tienen que ganarse" ese derecho. Pero los hombres de hoy no saben seducir, por tanto, no saben cómo ganarse a la mujer.

- Creían que la mujer se satisfacía sexualmente por el simple hecho de estar con ellos. Ahora, las mujeres son más conscientes de su deseo y más sofisticadas en cuanto a sus gustos y placeres. Los hombres ya no están seguros de ser buenos amantes y, en efecto, no suelen serlo.
- Los hombres de hoy ya no tienen la certeza de que su mujer sea solo para ellos: las mujeres salen, trabajan, no están controladas. Ellos han dejado de ser "la cabeza de la familia". Decisiones de pareja y familiares se comparten, se revisan... no se imponen.

La cultura actual ha deteriorado la figura masculina, generando una crisis en el patriarcado como modelo relacional. Los hombres no han realizado toda la elaboración que han hecho las mujeres, pero tantos años de movimiento feminista han hecho que su mundo sí haya tenido que moverse, aunque muchos hayan seguido actuando igual, y por eso ahora no sepan dónde situarse. Esto ha provocado un aumento de los celos masculinos en las relaciones amorosas, que junto con la aparición de conflictos alrededor de estas temáticas son casi una constante en las parejas de hoy.

CAPÍTULO 11

¿Existe la pasión latina?

Los mexicanos, en cuanto latinoamericanos, compartimos ciertas raíces, costumbres, creencias, estilos de vida en general con muchos países hermanos. Al tiempo, nuestros antecedentes históricos y nuestro particular desarrollo sociopolítico nos definen como cultura y, de algún modo, nos caracterizan. Pero también la cultura mediterránea, los países europeos de cuna latina, comparten con los países latinoamericanos, si bien desde otra historia y otra perspectiva (seguramente el eurocentrismo y la colonización los marcan), rasgos que nos asemejan como apasionados, emocionales, como latinos... para bien y para mal. ¿Hasta qué punto esto es verdad?

La vida de pareja, inmersa inevitablemente en la cultura imperante de su localidad, despliega, de manera a veces burda y a veces más discreta, la idiosincrasia dominante de su contexto. El estilo de relacionarnos amorosamente se deja ver en nuestros programas de televisión, en la letra de nuestras canciones, en periódicos, revistas... y, más allá, en los parques, en las conversaciones de café, en las calles... Un dispositivo de ideas que crea nuestra forma de vivir el amor y a su vez es el producto de esa forma de vivirlo: causa y efecto de lo latino. Recordemos brevemente al filósofo francés Foucault, que hablaba de los "dispositivos" refiriéndose a un conjunto de ideas, leyes, instituciones, sistemas educativos, información... que definen lo que es pensable y lo que no en cada sistema social. Y no lo hacen de forma represiva o autoritaria, sino por ósmosis, por convencimiento, por ser lo natural. ¿Quién no considera lógico y evidente que se enseñe a leer a los niños?

Ese dispositivo, en lo que refiere al amor, a los hombres y a las mujeres, adopta en los países latinos una manera particular de sentir y expresarse. No solo vivimos imbuidos en la idea de un amor total como las letras musicales dicen: "Tú y yo somos uno mismo...", sino que, a este ideal romántico se suman factores mexicanos —o sudamericanos, si se quiere— más o menos comunes: un estilo de vida familiar conservador, conceptos religiosos que impregnan los valores y las normas de conducta, claros rasgos machistas, producto de una masculinidad mal entendida y poco actualizada, y grandes injusticias y carencias socioeconómicas que llevan a la marginalidad y la pobreza de una buena parte de la población.

Bajo la influencia de una cultura católica, mezclada con las ancestrales indígenas, se crean ideas fanáticas que permean sigilosamente los comportamientos amorosos. Con la promoción de valores eternos e inmutables, se exhorta a imitar ideales de perfección sobrehumana y a posponer el goce y el bienestar presente en aras de una vida futura superior. El desdén al cuerpo, al sexo, restos de una filosofía dualista donde lo espiritual es superior a lo material, suele ser el tema central de la experiencia de todo amor canónico. Es claro que muchas personas a nivel consciente rechazan o no se someten a estos mandatos, pero la carta de San Pablo a los Corintios, que afirma: "El amor todo lo disculpa, todo lo cree, todo lo espera, todo lo soporta...", aplicada a rajatabla en la vida de pareja, impera aún, enviando claros mensajes de obediencia, sometimiento y resignación. No afirmamos que la influencia religiosa sea siempre coercitiva; en ocasiones, y más en América Latina, abre espacios de crecimiento y apoyo comunitario, pero sus mensajes institucionales y predominantes favorecen la construcción de relaciones de sumisión, falta de consciencia crítica e inequidad entre los hombres y las mujeres.

No es extraño observar, ya sea como producto de un tradicionalismo o bien por las limitaciones económicas, que la idea de familia extensa se vive más como un mandato de extremo aglutinamiento que como una red de disfrute y apoyo. Se desarrolla un estilo de vida que implica no solo una baja capacidad de elección, lo que se deja ver en el seguimiento riguroso de las costumbres del clan, sino una extrema cercanía física que hace que las nuevas parejas vivan permanentemente vigiladas y adoctrinadas por los padres.

La libertad de acción y aun de pensamiento se hace inviable. En estas "pequeñas tribus", el desempeño individual se vive supeditado a las necesidades y legados familiares. La autonomía que abre paso a la posibilidad de reconocer y hacer valer los propios deseos, las necesidades, los intereses y los valores es difícilmente validada y a veces sancionada si los nuevos amantes se alejan de la norma. No es difícil escuchar calificativos como estos: "ingratos, egoístas, necios", en relación con las parejas jóvenes que buscan sus propios caminos. De este modo, las relaciones amorosas convierten muchas veces sus asuntos privados en asuntos familiares públicos, con todo lo que esto implica en cuanto a formación de alianzas y enemistades y con la dificultad de construir un vínculo amoroso comprometido y libre.

En este engranaje, los papeles que desempeñan hombres y mujeres son en muchos casos francamente desiguales. Influidos por un machismo, residuo, entre otras cosas, de una decadente sociedad patriarcal, la creación de relaciones amorosas igualitarias y libres se convierte en una faena aún más difícil de conseguir. Y, ¿en qué consiste este estilo de masculinidad machista a la cual se aferran muchos de los varones latinos? Por un lado, vemos varones con un imperante deseo de poder que enmascara su miedo al fracaso, una homofobia que les restringe la posibilidad de ser "hombre" de maneras diversas y flexibles, y un analfabetismo emocional que les impide reconocer, verbalizar y compartir sus experiencias afectivas, confundiendo la sensibilidad con debilidad. Se obligan a sí mismos a alardear de no necesitar de nadie, difícilmente aceptan sus errores... Y sabido está que un "verdadero hombre" no colabora en "tareas femeninas", eso queda para los mandilones; por el contrario, espera que le sirvan y le "lean" el pensamiento, pues siendo el jefe de familia, el encargado de "mantenerla" y proveerle el mayor bienestar posible, lo menos que merece es un agradecimiento incondicional.

Por otro lado, estas premisas impulsan a nuestros "amantes latinos" a ser racionales, prácticos y duros, a burlarse de los débiles en cuanto que los consideran "maricones", a usar el silencio y la distancia como forma de autoprotección y a un temor silencioso de que sus mujeres los superen y los abandonen. Porque ese va a ser el tema: el miedo; y los celos como forma de protección para no sentirlo.

¿Podemos imaginar el control y la vigilancia que una relación de este tipo puede implicar? Las culturas latinas prescriben un macho que espera conductas de absoluta sumisión por parte de su pareja, control disfrazado, en el mejor de los casos, de preocupación y cuidado hacia "lo que es suyo". No faltan quienes, siendo menos obvios y mezclando un estilo más caballeresco, con todo lo que este encierra de "virtudes varoniles" y "culto a la mujer", vean los celos como algo que alimenta el amor, como algo que puede llegar a ser útil en cuanto que da energía y "sabor" a la relación de pareja.

En medio de esta "pasión latina" cualquier desviación de la norma impuesta es vista como una amenaza y desata fuertes celos.

CAPÍTULO 12

El cerebro celoso

Los celos irrumpen en la experiencia, habitualmente de forma repentina y abrupta, a partir de algún suceso. Se produce entonces, o bien la siembra de un germen que poco a poco va brotando y dando frutos terribles, o bien una explosión sentimental, lo que, desde un punto de vista social y judicial, ha tenido una relevancia especial por llevar, en ocasiones, a estados de agresión o violencia que constituían lo que se denominaba "alteración mental transitoria", que implicaba la ausencia de responsabilidad y por tanto justificaba situaciones claramente injustas.

Si nos distinguimos del resto del reino animal por ser racionales y conscientes, ¿cómo es que la experiencia emocional puede apoderarse de nosotros de tal grado que nos lleve a actuar irreflexivamente? La primera respuesta: solo una pequeña parte de nuestra vida nos comportamos con la consciencia y la racionalidad que nos son propias como especie.

Las emociones se generan, simplificando quizá en exceso, en un área muy antigua del cerebro: el área límbica o cerebro reptil. Esa zona (situada en lo profundo del cerebro) contiene estructuras en las que reside nuestra capacidad emocional y tiene conexiones directas y profusas con la corteza cerebral y, por tanto, con la conciencia. De este modo, cualquier emoción suficientemente intensa puede llegar a invadir con rapidez el mundo del intelecto. Todos hemos tenido la experiencia de sentir una emoción que nos nubla el entendimiento hasta llevarnos a hacer "razonamientos" absurdos y a realizar actos irreflexivos.

El camino inverso, que va de las áreas frontales relacionadas con la razón, la inteligencia y el raciocinio hacia las zonas límbicas, no es directo, no existen conexiones neuronales que vayan directamente allí. El estímulo ha de ir primero al área de la memoria, entre otras, para llegar al final al cerebro emocional. A causa de esto, y contrariamente a lo que ocurre con las emociones, que modifican rápidamente la conciencia, a la conciencia le cuesta mucho más trabajo modificar las emociones. Lograrlo implica un trabajo personal de menor o mayor envergadura. Por eso no será fácil ni rápido librarse de experiencias emocionales complejas e intensas como los celos.

¿Hay diferencias biológicas entre hombres y mujeres en lo que a los sentimientos se refiere? Parece que las mujeres realizan con más facilidad y eficacia las tareas asociativas que los hombres, y esto les facilita muchas tareas como la intuición y la integración de experiencias contradictorias y complejas. Por su parte, parece que los hombres responden mejor en funciones analíticas, lineales y poco complejas, pero muy rápidas. Algunas de estas diferencias son tan básicas que probablemente tengan raíces neurológicas. Sin embargo, hemos de reconocer que aun las conductas con una base neurobiológica firme están determinadas en su expresión por la cultura, ya que también sabemos que las mujeres han sido entrenadas a ser más emocionales que los hombres, a conocer sus sentimientos y hablar de ellos.

Por sus diferencias fisiológicas evidentes en el campo de la reproducción, las mujeres históricamente se han especializado en criar a los hijos, mientras que los hombres eran los encargados de la caza en común con los otros varones. Tener leche y amamantar a los críos requería que la mujer fuera capaz de estar tranquila, aun después de una situación de estrés, ya que esa capacidad aumentaba las posibilidades de supervivencia de los hijos al optimizar la cantidad de alimento que recibían (y a esa calma contribuye a la liberación de oxitocina). Los varones, por el contrario, necesitaban estar en permanente estado de alerta y vigilancia para sobrevivir y procrear (y a esas acciones contribuye la liberación de adrenalina). Eso explica que el sistema cardiovascular del hombre sea más lento en recuperarse de la tensión y más reactivo que el de la mujer.

La experiencia celosa activa el estado de alerta, y podríamos pensar que tiene mayor efecto físico y emocional sobre los hombres, quienes son más reactivos en lo corporal y más proclives a negar o evadir las confrontaciones de alto contenido emocional.

Ahora bien, esto no quiere decir que seamos títeres e irresponsables ante nuestras emociones. Aunque la aparición de los celos sea algo sobre lo que no podamos tener control, siempre son nuestra responsabilidad y, en consecuencia, podemos actuar sobre ellos, aunque no sea posible eliminarlos con un simple acto de la voluntad.

Para superarlos, para controlarlos, hemos de comenzar por conocer qué acciones y significados surgen de ese estado sentimental. ¿Cómo? En los capítulos finales abordaremos el tema de la intervención, pero desde un punto de vista de la lógica de la emocionalidad cerebral hay dos estrategias generales que suelen ser eficaces: no comprometerse con acciones que aumenten ese estado sentimental; por ejemplo, no estar rumiando solo días y días, no tratar de vigilar o de obtener informaciones…, e implicarse, simultáneamente, en acciones que lo disminuyan, por ejemplo, aceptar ir a actividades con amigos sin la presencia del otro. Se trataría de ir creando nuevas acciones, nuevas situaciones que, yendo por medios indirectos, acabasen por modificar los estados emocionales celosos.

CAPÍTULO 13

¿Los tienen otros seres vivos?

Pero de la biología a la biografía hay un gran trecho, y para recorrerlo hay que centrarse en la conducta más importante para cualquier ser vivo: la reproducción, esto es, las formas de la transmisión genética a las siguientes generaciones. De los genes suele decirse que apoyan la idea de que a una mujer le viene bien tener un solo hombre porque así ella y su prole estarán cuidados, protegidos. La procedencia de los genes es irrelevante para ella. Todos sus hijos son suyos. Y se dice que en los hombres es distinto. A ellos les interesa esparcirlos en el mayor número posible de mujeres, de ahí su promiscuidad. Ya que no pueden tener certezas sobre la paternidad, a menos que aumenten las probabilidades. Esta realidad estaría en la base de la general celotipia masculina. ¿Son, entonces, los hombres más celosos que las mujeres? La respuesta no es tan sencilla.

Si de lo que se trata es de la supervivencia de las crías, una mujer, una hembra, puede establecer diversas estrategias, tanto la monogamia exclusiva como la poligamia total pueden ser eficaces para su objetivo. Esa flexibilidad explica que sea más fácil para las mujeres compartir hombres si su situación de mujer y de madre no está amenazada. Por el contrario, la gama de conductas de los varones, machos, es más limitada y rígida, ya que no disponen de tanta seguridad en torno a su paternidad. La amenaza para una mujer es que el hombre no la quiera, la abandone en plena crianza o que ataque a sus hijos. La amenaza para el hombre es que los hijos no sean suyos. Y esa incertidumbre, que no pueden resolver, hace que tiendan a la posesión y la violencia como formas de obtener una seguridad siempre incierta.

Pero la biología no condiciona la cultura, tan solo impone límites, de forma que la especie humana dispone de muchas estrategias posibles, ya que para ambos puede ser tan útil tener un solo *partenaire* sexual como tener muchos. De ahí que veamos tantas variedades de formas de crianza, amor y... celos o violencia.

Una importante variable que permite ir de lo biológico a lo cultural es el concepto de inversión parental que hace el macho, que varía bastante dentro de la escala animal y aun dentro de las diversas culturas humanas. Cuanto más tiempo, esfuerzo y alimentos invierte en la crianza y cuidado de la hembra y sus hijos, más fácil es que desarrolle celos, y de manera más agresiva. Es lógico: si ha invertido mucho también puede perder mucho. También es lógico que el pez que eyacula en el medio marino y espera que los huevos sean fertilizados por la corriente no haga grandes escenas de celos. Los mamíferos superiores tienen mucha inversión parental, porque tienen pocos hijos y necesitan que las hembras los cuiden y que no haya más padres que compitan con ellos.

Pero de nuevo, la biología no explica nada. Para un macho con alta inversión parental, tanto vale comportarse de manera atenta, tierna y estar presente en la vida de la hembra como vigilar y castigar cualquier veleidad de esta o agredir a otro macho. Ambas conductas pueden ser eficaces, pero no serán igualmente deseables. Otro ejemplo. Si analizamos la elección de pareja desde la lógica del deseo, desde la estética y desde la generación de estímulo sexual, habrían de ser más interesantes y satisfactorios como pareja los machos más hermosos y llamativos. Y no es así, ni en muchas sociedades de primates ni en las humanas. Aunque las hembras puedan ocasionalmente copular con el macho más hermoso, incluso de manera clandestina, lo más frecuente es que lo hagan más con el que ha mostrado buenas condiciones para ser compañero y padre. Esa es la pareja más deseable en el mundo de los primates. Todo un consuelo para la mayoría de los hombres.

Pero el mundo de los primates no solo nos habla de la fuerza de la biología, sino también de la importancia del tipo de organización social en la génesis de los celos. En las montañas de Ruanda viven dos comunidades de primates muy distintas entre sí, pero ambas muy similares en genética y conducta a los seres humanos. Unos viven en las alturas y se hicieron muy populares gracias a los trabajos de Dian Fossey y a la película *Gorilas en la niebla*. Se organizan alrededor de un gorila macho de enorme tamaño que tiene acceso sexual exclusivo a todas las hembras. Los otros machos de menor tamaño y que ocupan un nivel inferior en la escala jerárquica han de esperar a que el macho dominante pierda fuerza para tratar de sustituirlo y tener oportunidad de reproducirse. Como cabe esperar, es un mundo violentísimo, lleno de agresiones, vigilancia y suspicacias (parecido a nuestro mundo patriarcal). En las faldas de esas montañas viven unos chimpancés enanos llamados bonobos. Su organización social es muy distinta. Machos y hembras son casi del mismo tamaño, no hay jerarquías y todos se aparean con todos (incluso sin fines reproductivos; hay muchas relaciones homosexuales), de tal manera que, dada su promiscuidad, nadie sabe de quién son las crías. Eso lleva a que estas sean respetadas y cuidadas por toda la colectividad —cualquiera puede ser tu hijo—, y a que no haya peleas entre ellos. Son dos mundos muy distintos, pero ambos viables; no es cierto que biológicamente haya un criterio, una forma, una organización que sea mejor que otra. Ángeles Mastretta niega en su libro *Mal de amores* que las mujeres quieran ser monógamas y los hombres polígamos. Más bien, afirma que desde la perspectiva de la mujer lo ideal sería tener tres hombres, uno lindo y tierno para los hijos, otro divertido y arriesgado y hasta un tercero y cuarto por si muriese alguno de los dos...

Hay investigaciones con relación a los celos femeninos que parecen confirmar la importancia de la inversión parental en la cuestión que nos ocupa: las mujeres experimentan muchos más celos en sus relaciones amorosas si los temas que entran en juego no son explícitamente sexuales, es decir, el hecho de que el compañero haya tenido relaciones sexuales con otra es mucho menos provocador de celos si no ha invertido tiempo y dinero en ella. Es importante destacar que las que muestran estas respuestas tienden a ser de cierta edad, casadas y con hijos, distinción que nos lleva a pensar que esa reacción depende justamente de la situación familiar en que ellas se encuentran. Y para una mujer casada y con hijos, asegurar el apoyo de la pareja en la crianza es un asunto crucial. Por su parte, los hombres tratarían de evitar el involucramiento sexual de un tercero que pusiera en duda la legítima paternidad de su descendencia, lo cual exalta el tema de la sexualidad en los casos de hombres celosos.

CAPÍTULO 14

Eso son celos

...el vicio de la posesión.

JACQUES CARDONE

Sabemos que los celos son una de las vivencias emocionales más abrumadoras y avasalladoras experimentadas por los seres humanos. Como emoción es alteradora, incómoda, desagradable, activadora. Sea cual sea el motivo que los origina —desde la sospecha de un tercero inmiscuido en la relación hasta la certeza de su existencia—, se experimentan como un disgusto emocional intenso, un agudo displacer que radica en que la persona amada haya elegido —o pueda elegir— a otra para desarrollar una relación afectiva o erótica. Sin embargo, no se producen como resultado objetivo de una situación o un tipo de relación amorosa, como muestra el hecho de que a veces se "debieran" tener celos y no aparecen, y otras sucede lo contrario, aparecen sin razón alguna. Dependen de la imaginación del celoso, que hasta puede estar en desacuerdo con ese sentimiento, no de la realidad que vive. No es difícil reconocerlos en nosotros o en otros, aunque no siempre se acepten.

El relato de una mujer nos ilustrará este tema. Durante una fiesta, relataba ella con humor, veía al marido hablando con una mujer joven y guapa que estaba pendiente de todo lo que él decía como si fuera Brad Pitt, pero en intelectual. Por su lado, su marido miraba a la chica como si fuera la mismísima Simone de Beauvoir, pero en guapa. Y mientras eso ocurría, ella se ponía más verde de celos que el propio Otelo, el moro de Venecia. La cosa no acabo ahí. Más tarde, en otra conversación dentro de un grupo, el marido afirmaba que Kant seguía siendo para él un pensador imprescindible. Y ella pensaba: ¿Cómo es que yo no lo había notado nunca?, ¿desde cuándo piensa que es así de imprescindible?, ¿por qué no me lo ha comentado a mí?... En una relación amorosa vivimos siempre dentro de un cierto desconocimiento acerca de la persona a la que amamos, a la que hay que aceptar como lógico y deseable. De otro modo los celos acabarían por ser terribles.

Uno de los factores más importantes que están en la base de los celos, lo mencionamos ya, es la idea del amor romántico e idealizado. Una película española de J. Balaguer, *Solo mía*, ilustra bien este problema. Los protagonistas se casan, como tantos, bajo esa premisa. Pero esta no cumple las expectativas totalitarias de él, ni él las esperanzas románticas de ella. La relación se deteriora y en poco tiempo, de la decepción se pasa a la amenaza, al insulto, a la desconfianza y, al final, a la violencia brutal.

De esta manera, el amor que estimula el orden social, el que se ve en la prensa, en la publicidad, en las series de televisión, en el cine, en el discurso de los educadores, de las religiones..., el que pone la entrega al otro por encima de la dignidad, la libertad o los derechos humanos, nos conduce a la sumisión y a los celos, confundiéndolo con la más elevada forma de amor.

En nuestro mundo, los valores que se estimulan son la identidad, la coherencia y la certidumbre, de las que hablaremos posteriormente de modo más detallado. Esos valores nos llevan a creer que han de amarnos si amamos; que si nos aman es porque somos valiosos, y que el amor que sentimos no va a cambiar. Y esto es irreal dentro de las relaciones amorosas, de modo que cuando el que ama ve que no se confirman estas creencias previas, siente miedo. Y, o bien se maneja con ese sentimiento incómodo, o bien se intenta disminuir la ansiedad que le provoca tratando de vivir un modelo tradicional de amor. Cuando este, avanzado ya el siglo XXI, no funciona, aumenta la inseguridad que puede desatar los celos y aun la violencia.

Sin pretender defender los celos, tampoco podemos simpatizar del todo con la idea de que sean intrínsecamente anormales. Serán negativos, pero lógicos, humanos, "demasiado humanos" si se nos permite usar la conocida frase. Tenerlos nos pone en una contradicción constante: amamos y odiamos, queremos confiar, pero desconfiamos, tratamos de olvidar, pero nos obsesionamos y no podemos pensar en otra cosa. Pero hay que establecer diferencias. Frases como estas: "¡Me molesta que no contestes el celular cuando llamo, para eso te lo di, para estar en permanente contacto!". Sugerencias del tipo: "No es necesario que trabajes, descuidarías a los hijos, yo puedo darte el dinero equivalente a lo que ganarías en un trabajo de medio tiempo". Preguntas inquisitivas: "¿A quién saludaste, nunca me habías mencionado a esa persona...?". Comentarios y correcciones con relación a la forma de vestir, de hablar... y conductas evidentemente entrometidas, como la escucha de conversaciones telefónicas, revisiones de documentos, agendas y aparatos electrónicos personales, entre otras, son clara muestra de actitudes que pueden ir invadiendo la vida de la persona celada, así como las áreas más significativas de la vida cotidiana del celoso: su trabajo, sus relaciones familiares y amistosas, su salud en general.

Toda la compleja dinámica que se genera en torno de las interacciones celosas requiere ser reconocida y comprendida, porque, si bien los celos no necesariamente indican una mentalidad débil, corrompida e inmadura, los efectos que provocan incrementan invariablemente el sufrimiento psicológico de quienes los viven e impactan en detrimento claro de la relación amorosa. No pueden ser negados, ni desechados... Tenemos celos.

CAPÍTULO 15

La génesis de los celos

Para poder comprender mejor la génesis de los celos hemos de saber algo más de la evolución emocional y cognitiva de los seres humanos. Así podremos entender mejor de qué hablamos cuando decimos que los celos son universales y nos acompañan siempre. Y para ello hemos de hacer una distinción entre objeto erótico y objeto de amor.

En los más tempranos años de nuestra vida se generan unas raíces de referencia que describen cómo van a ser nuestros futuros objetos eróticos. Es como si se construyera un molde general a partir del cual, en contacto con la llave apropiada, despertaría el deseo erótico. Es un troquel del que somos bastante inconscientes e irresponsables, ya que "nos sucedió", no fue una elección. Por el contrario, los objetos de amor sí son elegidos. Lógicamente, esos troqueles se organizan alrededor de las figuras importantes de la crianza, habitualmente los padres, pero no necesariamente ellos. Constituyen una plataforma sobre la que se crea un objeto erótico ya más personal y concreto, que suele ser el "gran amor" de la adolescencia, etapa en la que esa base erótica un tanto abstracta y no directamente conectada a una persona se convierte en una vinculación concreta: es "él", es "ella". Ese objeto erótico queda fijado de forma muy profunda en la mente de las personas, de ahí que se diga que solo se quiere una vez o que solo hay un gran amor. Es inexacto. Solo hay un objeto erótico, pero puede haber diversos objetos de amor. Es decir, hay diversas personas con las que podríamos mantener, a lo largo de la vida, una relación amorosa.

En ocasiones, el objeto amoroso actual comparte muchas de las características del objeto erótico. Eso es, por un lado, bueno, ya que refuerza el amor, pero introduce una fuerza, una ansiedad y un miedo a la pérdida que puede estar en la base de unos celos devastadores. Una persona puede perder un amor, puede ser abandonado o engañado sin que eso le dañe mucho. Pudiera ser que el objeto amoroso no fuese ese objeto erótico conmovedor y primordial. Eso quizá le haya privado de una intensa relación amorosa, pero le protege de los celos.

La mayor parte de la gente no llega a tener una relación amorosa con la persona sobre la que se concretó el primitivo troquel, pero puede estar presente en su vida de muchas maneras, con una presencia lejana o cercana. Un personaje de la película *Ciudadano Kane* hace el siguiente relato en respuesta a una pregunta de este en torno al enamoramiento: una vez vio en el puerto a una mujer. La miró por unos instantes. Ella ni llegó a notar su presencia. Eso había ocurrido hacía más de treinta años, explicaba el hombre, y desde entonces no había pasado ni un solo mes en que no pensase en ella. Esa desconocida fue un objeto que despertó y concretó el objeto erótico cuyo troquel existía en él. Pensamos que las personas a las que ese personaje hubiera podido amar después, sus objetos amorosos, habrían tenido, seguramente, una mayor o menor vinculación con ese objeto lejano.

En otras ocasiones, la presencia de ese con quien se concretó el primitivo troquel es cercana, tan cercana que puede suceder que sea el objeto de amor elegido y ser el propio cónyuge. Eso es muy típico de sociedades pequeñas o cerradas con poca movilidad social. La amenaza de pérdida, entonces, de ese objeto dador de seguridad y placer será devastadora y generará muchos celos. Eso podría explicar que personas previamente no celosas, ante la realidad, o la amenaza o la sospecha de pérdida, desarrollen una imprevista explosión de celos que puede llegar al delirio.

Un fenómeno curioso y a menudo inexplicable es que el celoso teme más que su objeto amoroso quiera a otro que el hecho mismo de no ser querido. Si siente que la amenaza —o la realidad— de la pérdida de ese objeto se cierne sobre él, puede echar la culpa a algo o a alguien, puede deprimirse o aspirar a que más adelante lo quiera, pero todo eso le permite mantener alguna esperanza de que la pérdida pueda no ser irreparable. Más allá aún, prefiere incluso que el amado de quien se tienen celos esté muerto: "Ni mío ni de nadie". En ese caso ya no es posible recuperar el objeto, pero, al menos, no mana la herida que se produce en su narcisismo, la herida infantil, el desapego, la humillación... que tanto dolor puede causar y que hemos oído tantas veces: "Sufro menos si no me quiere que si quiere a otro, eso es más doloroso".

Venimos afirmando que los celos son situacionales, si bien es cierto también que existen otros tipos de celos que son de naturaleza caracterial: hablamos de los celotípicos, aquellos que tienen una naturaleza celosa en sí misma, que hace que cualquier acontecimiento, por banal que este sea, pueda desencadenar una reacción de celos.

Sin pretender agotar todas las explicaciones en torno a su origen, podemos pensar que en las celotipias el apego ha sido tan negligente que existe una grave alteración de la personalidad. Carecen de un troquelado específico que genere un objeto personal como fuente de seguridad y placer, de forma que quieren poseer todo en un intento desesperado y permanente de rellenar esa necesidad. Pero, al carecer de troquelado, ninguna "llave" encaja, lo que lleva a la desesperación, la decepción y la sospecha. Y su ansia de posesión es tan grande que todo se convierte en una posible amenaza. Sus pautas de conducta destruyen toda relación y eso confirma sus sospechas: "Nadie me quiere y sin embargo quieren a otro que tiene aquello que yo no tengo".

¿Y cuál es esa carencia? Un mal apego, negligente, crea una sensación —y con frecuencia una realidad— de déficit en uno o más de los cuatro componentes que soportan la autoestima: lo intelectual, lo corporal, lo actitudinal y lo sexual. Pero especialmente ese último. La pregunta típica del celoso: "¿Qué tiene él que no tenga yo?" siempre se refiere al *sex-appeal* y, al final, se plantea de manera genital y cuantificable: "¿Coge mejor?" De ahí que todo celoso quiera saber los detalles sexuales de forma minuciosa, aunque nunca le sirvan para despejar sus incógnitas.

CAPÍTULO 16

La predisposición a los celos

Todos podemos sentir celos. Ocurren en cualquier persona si se dan las circunstancias necesarias, mostrando así la fragilidad esencial de las relaciones amorosas. Un ejemplo nos lo da el médico que, en la película de Kubrick, *Eyes Wide Shut*, interpreta Tom Cruise. Cuando su mujer, interpretada por Nicole Kidman, le cuenta una poderosa fantasía erótica con otro hombre que había ocurrido hacía ya unos meses, el marido, que nunca había sentido celos, desarrolla una tremenda conmoción celosa que le lleva a meterse en un mundo lleno de sexo peligroso y violencia.

Depende de ciertas situaciones que cualquiera pueda ser celoso, pero ¿existe un perfil de persona celosa? Quizá no se puede identificar un claro perfil, pero sí se observa que existen algunos tipos de personalidades, actitudes y condiciones que correlacionan claramente con el comportamiento celoso de esas personas, en las que los celos tienen una naturaleza caracterial, ya nombradas en el capítulo anterior: los celotípicos.

- El suspicaz

Ciertamente la personalidad suspicaz y desconfiada suele ser celosa, sin llegar al caso extremo del trastorno de personalidad de tipo paranoide. La persona suspicaz es propensa a desconfiar o a ver "mala intención" en las acciones o palabras ajenas y es extremadamente minuciosa. "¿Por qué dijiste eso?", "¿para qué fuiste a ese lugar?", "¿quién es aquel que te saludó con tanto ánimo?". Al suspicaz, detallista, minucioso y desconfiado le gusta vivir en certidumbres imposibles, por lo que tiende a ser conflictivo, pues siempre necesita alguna información; siempre tiene algún motivo para dudar, desconfiar, cuestionar y perseguir.

- El sabelotodo

Se trata de aquella persona que tiene siempre la respuesta correcta, que corrige a su pareja o cónyuge constantemente y le indica cómo hablar y cómo comportarse: "Deberías cambiarte esa falda", "no te sienta bien ese color...", "no pronunciaste bien esa palabra". Puede ser estimulante en un principio. Es cómodo tener una enciclopedia parlante para obtener un dato cultural, pero pronto, además de ser pesado, tenderá a comportarse celosamente, ya que solo él está en posesión del saber, solo él es la fuente, y cualquier otra actitud que no sea la sumisión a su conocimiento es vista como peligrosa.

- El moralista

Hay personas que con frecuencia tienen una clarísima conciencia de lo que es "bueno" y lo que es "malo", lo que es "verdad" y lo que es "mentira". No tienen dudas y hacen con facilidad juicios de valor acerca de los actos de otras personas. Pueden dar una sensación de eficacia y rotundidad, e incluso ser agradables, pues nos hacen sentir un tanto seguros al "mostrarnos el camino del bien y la verdad", pero rápidamente ese moralismo se convierte en rigidez, intolerancia y celos. Suelen creer en valores eternos, en modos de conducta que no han de cambiar, lo que en el amor supone matrimonio y patriarcado. Como cada día que pasa el amor, por lo general, tiende a degradarse y perder fuerza, se sitúa fuera de la realidad social con la ansiedad, el miedo y los celos que eso genera.

- El evitativo

Las conductas evitativas se vinculan a una de las formas de apego madre-hijo que anteriormente definimos, el apego evitativo, que se genera si se dejan de atender constantemente las señales de necesidad de protección del niño, lo que le dificulta desarrollar un sentimiento de confianza. Estas personas se sienten con frecuencia inseguras hacia los demás y siempre, sobre la base de sus experiencias pasadas, temen ser airadas, desplazadas y abandonadas. Tienden a aferrarse al amado y a generar con él una relación de excesiva dependencia emocional, por lo que pueden convertirse en celosos.

- El romántico

A pesar de ser algo en ocasiones altamente valorado, en temas de celos el romanticismo es peligroso: primero o después, suele acabar mostrando una faceta irracional e idealista de la vida y de las relaciones humanas que acaba siempre por estrellarse con la realidad en la que surgen y se viven los vínculos amorosos. El mundo real nunca será suficientemente bueno para los románticos, y sus premisas idealistas y excesivamente sentimentales acaban por desgastar el amor. Es cierto que la seducción y el erotismo son esenciales en las relaciones amorosas, pero con frecuencia se confunden con este romanticismo exagerado y exigente que acaba en celos.

- El religioso

Las personas muy religiosas creen en mundos trascendentes, más allá de lo humano, que prescriben valores eternos, inmutables y, con frecuencia, crueles. Creen también en la necesidad de realizar acciones y lograr comportamientos que, en ocasiones, niegan la naturaleza humana en pos de una inalcanzable perfección y pureza, y se guían por modelos de perfección y sacrificio difíciles de alcanzar. Al exigir tan altos ideales, la religiosidad en la relación amorosa se convierte en un factor que puede detonar los celos.

- El responsable

La responsabilidad es un valor tanto personal como social. Pero se convierte en un problema cuando deriva en tiranía de la moral y de la acción perfecta. Las personas muy responsables son eficaces y cumplidoras; quieren que las cosas sean correctas, en su punto y en su hora. Pero esa lógica de lo concreto y lineal no es fácil de aplicar a las cuestiones amorosas, ya que el amor es complejo y está hecho de contradicciones, lo cual favorece la aparición de los celos.

- El neurótico

Neuroticismo es una palabra pasada de moda, es ya casi un insulto. Y aunque no sea una buena palabra, describe una realidad humana innegable. Habla de la dimensión emocional de la persona y sirve para describir un tipo de personalidad con una reactividad nerviosa elevada, hecho que para algunos neurobiólogos se relaciona con un grado elevado de activación de las regiones límbicas del cerebro. Las personas con estos rasgos presentan una baja tolerancia para al estrés tanto físico como psicológico, tendiendo a mostrarse fácilmente ansiosas ante los peligros y las incertidumbres. Y más incierto que lo amoroso...

- El alcohólico

A pesar de numerosos estudios, no sabemos con precisión cuál es la conexión causal entre el alcohol y los celos. Puede que sea el alcohol el que crea celos o los destapa, o bien, como otros sugieren, que la experiencia celosa favorezca la ingesta de alcohol como ansiolítico o euforizante. Pero es indudable que entre ambos hay una correlación clara, cualquiera que sea la causalidad de esa relación. Grandes escenas de celos, algunas con desenlaces desgraciados, se llevan a cabo en estados de franca embriaguez.

Estas correlaciones pueden ser un indicativo de la probabilidad de aparición de celos y, de forma un tanto irónica, podríamos recomendar tener cuidado si la persona amada es romántica, religiosa, responsable, ansiosa, suspicaz, moralista, sabelotodo... Además, mientras más se conjuguen estas características en una persona, más probablemente puede desviarse la relación amorosa hasta llegar a hundirse en una franca y terrible experiencia celosa. Tratará de encontrar pruebas objetivas que delaten a la persona celada e incluso, si no existen, las inventará. Demandará la atención constante de su amado y se molestará si no la consigue. Con dificultad permitirá que su pareja incursione en proyectos de vida personales o los descalificará, los ridiculizará o intentará que se conviertan en inalcanzables y poco realistas. Un verdadero infierno de convivencia.

CAPÍTULO 17

En el ciclo vital de la pareja

Hablar de celos exige hacer un breve recorrido por el ciclo de vida de la pareja a partir del momento en que el compromiso amoroso se cristaliza y la rutina empieza a ganar terreno, cuando los amantes, ahora atentos a conductas que antes no observaban, pueden poner foco a situaciones que venían siéndoles desconocidas. En ese momento cualquier novedad, cualquier acontecimiento no esperado, puede servir para encender la luz roja: la extensión del círculo de amigos, las llamadas telefónicas frecuentes, el esmero por vestirse y arreglarse, la ilusión por ir al trabajo, ¡la brillantez de los ojos!, las conductas de distracción en casa, etcétera. En la visión tradicional, iniciar una relación de forma comprometida implica "deberes de casados", que cierran las puertas a cualquier otra posibilidad individual de relación, sea o no de contenido erótico, como si el hecho de amar a alguien cerrara todo horizonte a cualquier otra forma de deseo. El no cumplimiento de estas expectativas implícitas de amor único y total puede ser causa de un sinfín de malentendidos donde los celos son visitantes frecuentes.

Otra fase del ciclo vital de la pareja es la llegada de los hijos. El cansancio físico y distanciamiento real que implica para los cónyuges supone la pérdida de la emoción del enamoramiento con todo su cortejo de fenómenos emocionales intensos que se suelen identificar con el amor. Eso abre espacios, generalmente más para los varones, que pueden llevar a la búsqueda de pasión fuera del hogar. La mujer, biológica y culturalmente más apegada al recién nacido y con menos posibilidades de seguir el paso a su pareja, puede entonces sentirse abandonada, poco mirada y comprendida. No es difícil en estas circunstancias que ocurran dos cosas: o bien la mujer se embelesa con el hijo, olvidándose en grado importante de su pareja, o bien se siente incapaz de satisfacer, al tiempo, las necesidades de ambos: pareja e hijo, viviéndose temerosa de ser traicionada o abandonada. (La depresión postparto no es solo cuestión de descenso hormonal). Tampoco se puede olvidar el caso de los padres que se ponen celosos por el hijo mismo, haciendo demandas obsoletas a sus parejas y lanzando vituperios y amenazas que en ocasiones llegan a cumplir.

Otro fenómeno derivado del ciclo vital que hay que mencionar es la "crisis de la edad". Sentir que se fueron los mejores años de la vida impele a los cuarentones a demostrarse a sí mismos que todavía están hechos unos chamacos, que "están en el mercado" y que pueden conseguir lo que se propongan. Y, ¡cómo no!, el sexo pasa a ser uno de los retos principales. Se lanzan a buscar nuevas conquistas que les hagan sentirse atractivos, interesantes, y, sobre todo, jóvenes. Esto pasa sin distinción de sexo: ocurre tanto en los varones que vestidos de cuero y sobre una motocicleta se lanzan a la conquista de jovencitas como en muchas mujeres que al llegar a los cuarenta pretenden vestirse como quinceañeras para lanzarse a los brazos del primer joven que le se les ponga delante. Como si ellos quisieran vampirizar la juventud de una mujer y ellas saber que aún son excitantes. En torno a esta edad, la persona puede observar en su pareja este anhelo o deseo de gustar y ser deseada y la realización de actividades más o menos lógicas y habituales dentro de su relación que pueden ser provocadoras de celos. Si a ellas se suma que esa persona amada se muestre efectivamente indiferente o poco atenta con su pareja al tiempo que se desvive por agradar a los demás, y que el rival, ficticio o real, responda a estos acercamientos, el celoso puede interpretar la experiencia como una verdadera provocación que desate el conflicto y realizar acciones que efectivamente terminen en tragedias de aires casi griegos.

La longevidad es un reto más en las relaciones de pareja: matrimonios que antaño se disolvían sin cumplir a veces ni diez años de relación debido al fallecimiento de alguno de los cónyuges, ahora pueden durar más de cuarenta. La esperanza de vida se ha doblado en los países desarrollados, y eso es algo que la institución matrimonial no contemplaba. Aunque el divorcio ahora sustituye a la muerte como causa más frecuente de terminación de una relación, es innegable que el paso del tiempo hace que la pasión en las relaciones amorosas disminuya; nos guste o no reconocerlo, el enamoramiento es un estado físico y anímico con fecha de caducidad. El tiempo, implacable, juega en contra de la felicidad de la pareja, incrementando el sentimiento de distanciamiento entre los dos miembros. La monotonía y el tedio en la relación, unidos a la sensación de que "el clamor ya pasó" y que solo quedan los recuerdos, abren las puertas a la inquietud de otra pasión, y con esta inquietud rondando en el ambiente se abre la puerta a los celos... Una relación de tiempo, sumida en la rutina y el aburrimiento, puede ver cómo tiemblan sus cimientos con la llegada de un tercero que aporte misterio, cariño y riesgo...

Y por último sucede que, con los años, tendemos a buscar otros intereses que van más allá de la vida de pareja: desde el cuidado de los hijos hasta nuevos objetivos profesionales o aficiones recién adquiridas que hacen que se acabe restando tiempo al cónyuge. En algunas ocasiones, las personas pueden sentirse defraudadas por este "abandono" por parte del compañero y sentirse celosas de aquellos espacios que el otro conserva o ha desarrollado solo para sí. En esas circunstancias, basta cualquier situación para que el torbellino de los celos se desate: desde una mirada fortuita pescada en el aire hasta una franca declaración de objeción a la exclusividad sexual.

Una de las realidades más importantes que hay que considerar es el efecto del feminismo en el desempeño social y laboral de las mujeres, ya que ha generado situaciones que provocan intensos celos en los varones. Las mujeres hoy no se limitan a lo doméstico, cada vez con más frecuencia se ven inmersas en distintos tipos de escenarios académicos y profesionales. Las demandas de su trabajo, así como la pluralidad de eventos sociales que se desprenden de este y de otros compromisos —viajes, reuniones, capacitaciones—, implican distribuir su tiempo entre espacios familiares, domésticos y los propios del desarrollo laboral y social. De este modo, su estancia en casa varía, lo que puede generar en su cónyuge un cierto desconocimiento de los espacios y los tiempos en que se está desenvolviendo, puede no saber a ciencia cierta dónde está ni con quién. Cuando el cónyuge, sobre todo cuando el previo acuerdo matrimonial era de corte tradicional —"Él trabaja y ella permanece en el hogar"—, enfrenta esta realidad, tiende a desconcertarse y a mostrarlo con comentarios de desconsuelo y cierta frustración, ejerciendo presión, ofreciendo en ocasiones "pagarle su trabajo doméstico" con el fin de se quede en casa y "no descuide a los hijos", hasta el extremo de oponerse rotundamente a la contratación de la esposa, con los desenlaces más o menos trágicos, pero siempre negativos, de una imposición de este tipo.

El mismo razonamiento se aplica a todas las situaciones que implican cambio: ascensos, éxitos profesionales… todo aquello que conlleva mayor requerimiento de tiempo y mayor movilidad. Hay que puntualizar, sin embargo, que la crisis del patriarcado deja a los hombres en una situación de particular desventaja, ya que las mujeres han estado mucho más acostumbradas a llevar a cabo, fuera del hogar, tareas consideradas tradicionalmente "de hombres", en tanto que los hombres nunca se habían acercado a lo doméstico.

La evolución socioeconómica ofrece a los hombres y a las mujeres nuevos escenarios y situaciones en los que la persona amada sin duda ha de mostrar algún interés y deseo por otras personas. No se trata necesariamente de un deseo erótico, sino simplemente de expresar y sentir favorablemente sobre alguien, con frecuencia del sexo contrario. Cuando la experiencia celosa se asienta, todas estas actividades pueden verse con recelo y, más aún, con celos, que pueden amenazar la relación.

CAPÍTULO 18

Las emociones en la experiencia celosa

No es que tengamos emociones, sino que somos emociones, ideas y actos en un complejo inseparable. Siempre estamos actuando y siempre estamos en algún estado emocional, que es el correlato de esas acciones, aunque lo que comúnmente se entiende como tal es una conmoción o perturbación afectiva intensa, originada por una situación, un pensamiento o una imagen, que transforma de un modo concreto y brusco el estado psicofísico de la persona. Se experimenta subjetivamente con una determinada sensación de agrado o desagrado. La experiencia celosa involucra varios estados afectivos simultáneos, seis emociones básicas que irrumpen al mismo tiempo y con gran intensidad en la experiencia: la exclusión, la humillación, la posesión, la competición, la envidia y el miedo.

Las emociones y los sentimientos no existen porque permitan conocimiento o placer, sino por su utilidad para la supervivencia. Exigen para su función la presencia de la consciencia, y pueden ser comprendidos, por una parte, como sistemas de evaluación de la realidad en la que estamos inmersos, y, por otra, como disposiciones para la acción. Como sistemas de evaluación de la realidad nos informan de nuestro estado actual, sea cual sea la causa de este, constituyendo un resumen de la situación afectiva en que nos encontramos:

alegría por estar con alguien, aburrimiento o enojo por algo que está ocurriendo... Son siempre una reacción frente al mundo que nos rodea, a lo que percibimos, y condensan lo que vivimos, sea grato o doloroso, reflejando tanto nuestra historia como nuestras preocupaciones actuales.

Por otro lado, las emociones, al mismo tiempo que acompañan permanentemente nuestros actos, pensamientos y experiencias, nos mueven a actuar y orientan las acciones que vamos a realizar, predisponiendo para unas e inhibiendo otras. No están sujetas a juicio moral, no son buenas o malas: son. A diferencia de ellas, las acciones que motivan sí están sujetas a criterios éticos.

Recorramos con un ejemplo las emociones que acompañan a la experiencia celosa. Una mujer pasa con su coche frente a la casa donde vivía hace tiempo con su exmarido. La separación fue algo que ella decidió e incluso precipitó. Sin embargo, al pasar por la casa, ve en la ventana a su expareja con otra mujer e, inesperadamente, siente unos celos sorprendentes. Ella no tiene la más mínima intención de regresar a esa relación amorosa; entonces, ¿qué le pasa?

La exclusión, la humillación, la posesión, la competición, la envidia y el miedo irrumpen de manera repentina en esta mujer. Veamos cómo ocurre: ella sabe que legalmente esa no es ya su casa ni ese hombre su marido, pero surge la idea de la posesión: ¿qué hace esa mujer en "su casa" con alguien "que le pertenece"? Es claro que el exmarido y aquella mujer están dentro, y ella está fuera, lo cual la lleva a sentirse excluida. Mientras el coche avanza, ella, de reojo, los ve sonreír y conversar y se pregunta: "¿De qué se ríen, de qué conversan?", acentuándose la idea de exclusión. Por otra parte, ella no tiene actualmente una relación amorosa, lo que la lleva a experimentar el sentimiento de competición: “¿Cómo es que el sí y yo no?”. Aparece también la envidia y, por ridículo que parezca, se cuestiona: “¿Qué le dará ella que yo no le haya dado?”. Por último, y no menos importante, se desata un sentimiento de humillación, que la lleva a pensar, desde una sensación de inferioridad, que esta nueva mujer puede ser mejor que ella, aun sin siquiera haberla visto, sin conocerla más que de una mirada fugaz. Inevitablemente irrumpe la experiencia del miedo: “¿Será que yo no conseguiré algo parecido?

Pero la experiencia celosa no solo involucra simultáneamente esos estados afectivos de los que venimos hablando, sino que produce un círculo vicioso típico. Los celos producen una carga emocional muy intensa, lo que implica una clara distorsión cognitiva que, a su vez, genera una intensa activación de las emociones, lo que genera una distorsión cognitiva, lo que genera...

La pregunta es qué hacer cuando estamos celosos, cuando ese torrente emocional se derrama sobre nosotros. Lo primero será distinguir esas emociones como existentes y llamarlas por su nombre: son celos. A continuación, hay que calificarlos: “sí, es así, son muy poderosos y frecuentes”. En el caso de esa mujer se trata de que pueda no solo reconocer, sino también aceptar esos estados afectivos: la sensación de exclusión, ese estar fuera de algo a lo que siente pertenecer; la insignificancia o falta de dignidad producida por la humillación; la desesperación por querer adueñarse y poseer al otro; la envidia al ver que el otro tiene o consigue aquello de lo que ella carece; el deseo por competir pretendiendo igualar o superar a alguien en sus características, y también la perturbación angustiosa que le produce el miedo ante la sensación de amenaza por la pérdida real o imaginaria del amado. Se trata de que reconozca y admita que eso está pasando y que algo quiere decirle, aunque aún no sepa qué.

Después del reconocimiento y asunción de toda esta experiencia emocional, es necesario realizar una segunda tarea. Dijimos que las emociones nos mueven a actuar. Pues bien, se trata de inhibir esa tendencia, de poner distancia y cortar el paso a la acción, ya que esta estará irremediablemente condicionada por las emociones vivenciadas. Es preciso darse tiempo… Pero la irrupción precipitada de tantas y tan poderosas emociones como se producen en los celos hace difícil la tarea.

CAPÍTULO 19

Las respuestas de los celosos

Deseamos a alguien, lo amamos, pero nunca estamos completamente seguros de su amor, o, al menos, de la totalidad de su amor... Así aparece la duda: "¿Me quiere o no me quiere?". Como cuesta trabajo tolerar la incertidumbre, volvemos a la pregunta: "¿Me quiere o no me quiere?". Ese espacio aún es un territorio del amor, pero el paso de la duda a la sospecha ya es un signo inequívoco de celos. Decidir que alguien te quiere, estar seguro de ello, no es fácil, y a veces ante la ansiedad, frente a la incertidumbre de lo bueno, se elige la certeza de lo malo: "No me quiere, quiere a otro, me engaña", y eso hace sufrir, pero, paradójicamente, relaja... A partir de esa "certeza" se puede entonces estar triste, vigilante, deprimido, enojado, amenazante...

Las reacciones del celoso son diversas: algunas inmediatas e irreflexivas; otras, realistas o fantásticas, o... Las acciones que de ellos se deriven serán muy diferentes según estos sean moderados o lleguen a la obsesión y al delirio. También varían de acuerdo con el temperamento personal, a la propia historia, a la sociedad a la que se pertenece y, finalmente, a la situación particular que desencadena la crisis. Cada ser humano hace su propio *cocktail* de celos.

Sin embargo, en términos generales, podemos identificar patrones que se repiten. De entrada, prácticamente todos ocultan sus celos; es muy raro que alguien se declare celoso, lo grite a los cuatro vientos y se lo diga a su cónyuge. Se viven como una debilidad, y de ahí esa ocultación. Tras esa negación inicial, que puede mantenerse mucho tiempo consiguiendo ser inconsciente, se da un periodo de lucidez que suele tener un fuerte impacto sobre la personalidad del implicado. La persona celosa se vuelve reservada, distante, de algún modo se expresa de forma más severa, tanto con el cónyuge como con otras personas. Muestra disimulo ante los demás, "yo no tengo celos", y da explicaciones alternativas hasta que la intensidad de la emoción supera su discreción y no se puede más...

Así, la primera respuesta ante la aparición de los celos es la alteración más o menos grave de las cuatro características que constituyen la base de la autoestima, y que ya mencionamos: el cuerpo, las actitudes, la intelectualidad y lo erótico. El sufrimiento celoso produce daño sobre uno mismo y hace que se produzca o una autoinculpación —"yo tengo la culpa", "he engordado", "trabajo mucho"— o ira, actitud que se da mucho más en el género masculino.

Esa respuesta comienza con una serie de pensamientos o de sentimientos relacionados con la posible infidelidad de la pareja. Se trata de un firme convencimiento de que el amado puede ser arrebatado por un rival, o bien de que lleva una doble vida. Cualquier instante, cualquier circunstancia, cualquier evento puede ser el detonador perfecto: "Si saliera cinco minutos a la calle, sería el tiempo suficiente para coquetear o acostarse rápidamente con otra persona". Cualquier lugar, ya sea la iglesia, el supermercado, la escuela..., abre la posibilidad de ver a un rival potencial. Después suele aparecer una acción que puede ser minuciosa y calmada o frenética e impulsiva, dirigida a comprobar la veracidad de las sospechas del celoso. Veamos algunos de esos patrones de conducta.

- Interrogador

La idea de la sospecha lleva al celoso a una de sus conductas más frecuentes y temibles en el aspecto relacional: el interrogatorio constante, generalmente con sabor a confrontación. La persona celosa pregunta insistentemente y con impaciencia en búsqueda de pruebas: "¿Qué has hecho?, ¿con quién has estado?, ¿quién te llamó?, ¿a qué hora has vuelto?...". Otras veces las preguntas están referidas a las relaciones tenidas años atrás con otras personas. Insistiremos posteriormente en la especial dificultad que crean los celos retrospectivos.

- Detective

La sospecha lleva también a una actitud y a un comportamiento de "detective", que pone al celoso en la búsqueda constante de pruebas de una posible infidelidad o del riesgo de que ocurra en un futuro próximo. De esta forma, comienza un ritual dirigido al registro del bolso, de los bolsillos, de la cartera, los celulares o el examen de la ropa en busca de signos de contactos sexuales... Cuando no puede soportar el malestar llama a su pareja, a casa o al trabajo, con cualquier pretexto. A veces censura cartas y llamadas telefónicas. En términos generales, se pasa la vida autorizando o certificando lo que sí o lo que no puede hacer su cónyuge: "Esa ropa sí, ese maquillaje no", "esos amigos sí, esos otros no", "tal trabajo sí, pero en ese horario no...".

• Paternalista

Existen personas que necesitan mantener una posición de dominio y una rígida coacción en la relación amorosa, y una de sus conductas más comunes como respuesta a los celos es la necesidad de "proteger" al otro. A la mujer, por ejemplo, la limitan con el pretexto de que les "preocupa su seguridad", con argumentos del tipo "es que es demasiado ingenua" o similares, de corte paternalista. Esto puede llegar a acentuarse hasta convertirse en una protección de estilo "mafioso": "O te protejo o te mato".

• Amable

No es raro que la conducta controladora se disfrace de cordialidad: "¿para qué quieres salir?, yo te lo traigo al volver por la tarde", "¿para qué viajar en trasporte público?, yo puedo pasar a buscarte", "¿trabajar?, vas a descuidar a nuestros hijos, yo te doy lo que necesitas, ¿dónde se te necesita más que aquí?". Busca encapsular a la pareja y crearle la falsa ilusión de que con él lo tiene todo. La intención es hacerle dependiente coartando su autonomía y su potencial desarrollo. Una versión del amable es el estilista, para el que la ropa se vuelve un factor de peso, tanto la que se lleva puesta como la que ya se ha usado. Así, desde muy temprano, puede observar todos los detalles del atuendo de su pareja: cómo se viste (aretes, perfume, medias, maquillaje... si es mujer; o loción, corbata... si es hombre) y hacer comentarios. Desmotiva el uso de algunas prendas y recomienda otras, que maten, eso sí, la pasión de un rival en potencia.

- Galante

En ocasiones el celoso opta por desarrollar una cierta intención de reactivar la pareja, generalmente de forma torpe: hace regalos, halaga, tiene concesiones... El otro lo vive más como algo extraño que como signo de amor. Son comunes las invitaciones "románticas" fuera de tiempo y de lugar, generalmente impuestas de manera arbitraria y poco deseadas por el cónyuge, lo que lleva al celoso a pensar que este prefiere tener citas con otras personas.

- Conquistador

En el ámbito sexual pueden darse conductas contradictorias: desde un desinterés aparente, que es resultado de las preocupaciones celosas que le impiden desenvolverse de una forma espontánea en el terreno erótico, hasta una gran actividad sexual, que tiene como objetivo demostrar su suficiencia y mejor actuación como amante de la que pudiera tener el supuesto rival. También es habitual la actividad de recordar, durante las relaciones sexuales, los momentos más intensos vividos; actividad que se vuelve rápidamente en su contra, ya que al cabo de poco tiempo esa misma acción cambia y ahora el protagonista es el rival.

- Imitador

Parte del interés del celoso en conocer al supuesto rival estriba en producir una cierta imitación: ropa, modos, gustos, gestos... Se combina una mezcla de rechazo y de mimetización con el contrario, como si al hacerlo presente se impidiera su acercamiento real.

- Taciturno

Hay quienes en vez de actuar llevando a cabo estas acciones de las que venimos hablando —o además de hacerlo— despliegan una actitud fría, taciturna, que enfría la relación, y se dedican a generar una serie de comportamientos, ostentosamente desplegados, dirigidos a señalar la disparidad del valor moral entre sus conductas y las del "infiel". ¿Quién no ha oído lo exagerado que puede llegar a ser el ruido producido para lavar los platos, o bien las quejas en torno al agotador día de trabajo...?

CAPÍTULO 20

De la humillación a la pérdida

El celoso se encierra progresivamente en su mundo y sus sospechas, a las que cada vez dedica más tiempo, y con ello pierde curiosidad por el mundo exterior. Además, prefiere vivir en un cierto encierro, ya que las relaciones sociales incrementan las posibilidades de que su pareja pueda mostrarse interesada por otras personas. Como todas y cada una de ellas son rivales potenciales que pueden hacer que el amor de su cónyuge se desplace, suponen para él una fuente adicional de temor.

Dado que la personalidad no se abandona —ni en la noche—, las personas que tienen un temple celoso tienen alteraciones del sueño (insomnio, pesadillas, terrores nocturnos). Por supuesto, la falta de descanso les genera irritabilidad. Al final, la mente y el cuerpo se ven afectados, pudiendo somatizar o crear enfermedades físicas solo con la tensión constante y lacerante del pensamiento... Efectos secundarios del peligro, del miedo, de la suspicacia.

Pero los celos no solo se basan en sospechas, también pueden hacerlo en una realidad: existe otra persona a la que el amado prefiere. La humillación y la pérdida que eran posibles, temidas, pero no reales, se convierten en un hecho. Al final, el celoso puede llegar a tener razón, pero, con frecuencia, no por las razones que él había imaginado, sino porque con su conducta impulsa a que la pareja busque otra relación.

Podemos definir una secuencia típica, una historia natural que empieza en la constancia de la presencia de otro y lleva hasta el dolor por la pérdida del ser amado.

Un hombre, llamémosle K, se entera a través de un amigo de que la mujer que siempre ha amado, a la que vamos a llamar C, (aunque nunca ha sido su pareja, ni él es, ni ha sido nunca, objeto de deseo de ella), ha invitado a pasar unos días en su casa a un hombre al que conoció durante unas vacaciones y con el que tuvo un romance. En ese momento se inicia en él una secuencia sentimental y de acción que sigue un patrón muy típico en los celosos.

Lacan define como la peor de nuestras calamidades el saber que no somos el deseo del otro, siendo la irrupción de esa sospecha en la mente de una persona la que origina la devastación emocional de la que venimos hablando. La información que recibe K le hace caer en la cuenta de forma abrupta de que en la vida de C hay otro hombre. No solo constata que no es el deseo de ella, ahora hay más, ahora es necesario añadir el plus que supone la realidad: existe otro que es el elegido. (Hay quien considera que, cuando la existencia de un tercero es real, ya no podemos hablar de celos. Nos parece, sin embargo, que sí se trata de celos, solo que teñidos por la realidad de la existencia de la persona y la de la pérdida del amado). Una vez hecha esta constatación, va a verse inmerso en una experiencia de exclusión. Un día, poco antes de llegar el hombre que C había invitado, los amigos plantean realizar una excursión. Ella se excusa por no participar en dicha actividad: tiene que ir al aeropuerto a recibir a su invitado y no quiere llegar tarde. K ha de admitir que hay otro hombre que ocupa el lugar y el tiempo que él desearía ocupar y, por tanto, está fuera, excluido de la relación, exclusión que hace a las personas celosas muy vulnerables al sentimiento de insignificancia. Así, él pensaba: "¿Qué soy para ella? Nada, insignificante…, nunca hizo algo semejante por mí, yo no existo a sus ojos…"; una posición que ha podido convertirse en una profecía autocumplidora: pensó que era insignificante y acabó por serlo. Pero, en este tipo de situaciones, ocurren en algún momento acontecimientos que, casi necesariamente, van a ser vividos como una experiencia de completa humillación. Y así fue en este caso. En una reunión de amigos en la que estaban K y C, se bromeaba acerca de la presencia del invitado de esta, a la que, el grupo, de forma pícara, le decía al despedirse, "que pases buena noche", frase que K recibía como una puñalada. La constancia de las relaciones sexuales de ella con su invitado estrechaba el círculo de la humillación, ya que consideraba que él no había sido nunca (aunque tampoco habían tenido una relación erótica entre ellos) un *partenaire* sexualmente deseable para ella.

En los casos de celos en los que la presencia del tercero es real, ocurre que a la experiencia de humillación se suele añadir la evidencia, más tarde o más temprano, de la pérdida. Durante los días que el amigo invitado estuvo en casa de C, esta casi desapareció de las citas y lugares habituales en los que se veían. Él tenía noticias frecuentes, a través de terceros, de lo que ella hacía, lo cual aumentaba aún más su sensación de pérdida, sensación que llegó al clímax cuando encontró a C por la calle y, de manera harto imprudente, le preguntó: "¿Cómo te va?, dime, ¿él es un hombre con el que te gustaría vivir?". Y la respuesta: "Sí, me gusta", lo llevó al psiquiatra.

Experiencia de humillación y pérdida real se juntan para producir un acontecimiento que desequilibra la mente del celoso y abre la puerta a la instauración de lo que más adelante denominaremos celos obsesivos, que son ya una forma patológica de la reacción celosa que venimos comentando.

CAPÍTULO 21

El mundo que crean

Sin duda, el mundo patriarcal, el matrimonio convencional, estimula los celos y, sin duda, también crea personas celosas o, mejor dicho, hombres celosos. Pero ¿qué podemos decir del camino opuesto?, ¿contribuyen los celosos a crear un mundo como el que vivimos? La respuesta es afirmativa: los celos tienen una dimensión política.

Pensemos por un momento en el mundo animal. La necesidad de garantizar la propia descendencia de primates, como gorilas (y otros simios), los llevó a un mundo muy competitivo entre machos. Sin duda, esa competición fue seleccionando machos físicamente más grandes cada vez, más capaces de luchar, en comparación con las hembras, menos agresivas y de menor tamaño. Pero también se da el camino opuesto: tan cierto es que un mundo competitivo crea machos grandes como que machos de gran talla generan mundos competitivos y violentos.

En los seres humanos el tamaño entre personas de ambos sexos es muy parecido. Eso nos habla de menor competitividad y de mayor cooperación entre ellos, aunque eso sea más verdad en el orden físico que en el psicológico, donde la competitividad que estimulan los celos es muy alta.

Para algunos estudiosos, los celos son sentimientos pasionales, irracionales, primitivos y adaptativos. No se pueden evitar, solo manejar, ya que pertenecerían a la naturaleza de la especie. Otros investigadores, por el contrario, conciben los celos como una construcción social, que siempre dependen y se expresan según las características del grupo social en el que se producen.

Pueden ser verdad ambas cosas. Puede existir una base biológica que justificaría su existencia en aras de garantizar la posesión de una hembra y la inversión parental que hacen los machos. Pero también parece indudable que en cada sociedad los celos describen una serie de prescripciones y proscripciones típicas de ese grupo. El orden social mantiene una posición ambigua respecto a ellos. Los admite, incluso los estimula, pero siempre que se mantengan en una esfera privada y no alteren las relaciones sociales. Tal vez por eso suelen mantenerse en un relativo secreto compatible con ciertas acciones consideradas tolerables. Una sociedad de celosos descontrolados, en la que de los sentimientos se pasara rápidamente a la acción y a la agresión, sería insoportable, por ingobernable y violenta; no se mantendría.

Si admitimos que los celos se han mantenido en la especie humana porque, al tener una lógica dentro del sistema social, son adaptativos, las preguntas que vienen a continuación son muy razonables, sin embargo, pocas veces se hacen: ¿qué mundo es apropiado y lógico para los celosos?, ¿qué tipo de sociedad apoyan con sus celos?, ¿qué clase de relaciones sociales se crean en una cultura en la que estos tienen cabida? Se trata, como puede verse, de cuestiones relacionadas con las dimensiones políticas que tienen las conductas privadas.

Nos parece que la existencia de los celos y las personas celosas promueven seis características sociales.

1. Propiedad

Los celos aceptan como permisible la posibilidad de ejercer la propiedad privada, incluso sobre otro ser humano. Kant hablaba del matrimonio como una organización destinada a la posesión exclusiva de la sexualidad del otro. Y si es así en las relaciones amorosas, cómo no iba a extenderse y plantearse como lógica toda forma de propiedad privada. La amenaza que siente el celoso es la misma que siente cualquiera frente a un bien material: le pertenece y no puede ni debe perderlo: "Tú eres mía". "Mío" se convierte en la posición de los seres humanos con respecto a todos los objetos, incluidos, en el caso de los celosos, los otros seres humanos.

2. Dominación masculina

Los celos, más frecuentes y tolerados en ellos, se ven más lógicos porque expresan algo que en el universo patriarcal es obvio: la dominación sobre la mujer. Y en esa posición de la que hablamos, el hombre es el autorizado a poseer. Pero participar en esa realidad —como en cualquier otra realidad— contribuye a reforzarla.

3. Competición

Parece que los celos apoyan la idea de que "en el amor, como en la guerra, todo vale". Hay que ganar, ser más que el otro. El amor se vive como una competición: si amas o te aman es porque eres el mejor. El amor pensado como trofeo, la relación amorosa pensada como una vigilancia, como una forma de agresión, encaja a la perfección con una lógica social que propone la lucha o la rivalidad entre las personas o los grupos. Los celos, el deporte, la política...; conseguir un triunfo, poseer un valor... Todos compiten.

4. Exclusividad

Coches exclusivos, viajes exclusivos, *exclusive class*... El celoso realimenta la idea de que la exclusividad es algo por lo que hay que luchar y hasta morir o matar. Y con ello se afianza la legitimidad de la exclusividad en las relaciones personales y sociales. Más lejos, pero en esta misma línea, se encuentra el racismo o el clasismo como formas de exclusividad y de marginación que, bajo esta óptica, parecen hasta lógicas.

5. Matrimonio

El amor se vive en el matrimonio, como la justicia se imparte en los tribunales o la salud se restablece en los hospitales. Es una profunda y total institucionalización de los afectos y situaciones humanas, lo que parece que sea la lógica de todas las relaciones sociales, de modo que aquello que debiera haber sido una elección se convierte en una institución. Y las instituciones, todas ellas, tienen férreas normas que cumplir. El matrimonio y su correlato de posesión y celos se convierte en forma de vida incluso más allá de las uniones entre un hombre y una mujer: esas formas posesivas son tan importantes y decisivas en la vida de una persona que toda pérdida —de salud, de pareja, de trabajo— se convierte en devastadora e intolerable.

6. Dependencia

Mujeres que dependen de sus maridos, que, a su vez, dependen de sus mujeres; personas que anulan mutuamente su autonomía en aras del control y de la transparencia. Posteriormente, hijos que dependen de unos padres que dependen de sus hijos, o trabajadores de sus empresas o profesionales y funcionarios del paraguas de Estado. Mundos dependientes que comienzan en la cuna y se llevan a la cama.

Los celos son sin duda una actitud personal, pero también política, ya que contribuyen a perpetuar este mundo característico que mencionamos.

CAPÍTULO 22

Descalificación y opresión del celado

Una mujer le dice a su marido celoso: "Hay solo dos opciones: o realmente tienes un rival o no lo tienes. Si lo tienes, deberías agradarme si quieres que te prefiera a él; si no lo tienes, también debes mostrarte agradable para que no llegues a perder... Todo lo que puedo decir en respuesta a tus amenazas es que ni me agradan ni me intimidan y que, por tanto, no estoy dispuesta a ceder a tus demandas". Esto es lo que se esperaría que toda persona dijera ante esas peticiones hostigantes y desubicadas del celoso, pero parece que la dinámica que se da en las relaciones de pareja está muy lejos de esta firme y clara posición del celado.

Los celos hacen que las relaciones amorosas sufran un profundo deterioro que afecta a ambos miembros. Son una manera cruel de anular tanto a la otra persona como la relación existente entre ambos. Dado que hasta ahora venimos hablando de la persona celosa, cabe, por un momento, detenernos y centrarnos en las personas depositarias de sus acosos, las víctimas, que, debido a la vigilancia y la actitud persecutoria permanentes a las que están sujetas, desarrollan una serie de reacciones como consecuencia del estrés y ansiedad en que viven. Es preciso, en este sentido, recalcar la mella que produce en la pareja la injusta inculpación a la que se ve sometida, sin menospreciar el impacto continuado de la desconfianza y de los posibles episodios de violencia experimentados. También es preciso resaltar el deterioro que causa ser considerada (sobre todo, en el caso de las mujeres) un mero objeto en propiedad del celoso. En suma, los celos continuos generan un sentimiento negativo en el otro miembro de la pareja que, lejos de verse apoyado por su compañero, se encuentra con un cónyuge incapaz de mostrarle el afecto que espera.

Sobra decir que es una tarea imposible satisfacer las demandas del celoso, y que sus exigencias rara vez tienen algo que ver con la conducta del celado, sino con la subjetividad misma de quien las formula. Sin embargo, los celosos pueden, con esas exigencias y con suspicacias, llegar a reducir a sus cónyuges a una situación de desesperación y trastorno tal que a los espectadores les resulte difícil percibir en primera instancia, quién es el "enfermo" y quién la víctima. No es extraño que un marido celoso se presente ante un médico a explicarle lo difícil que es vivir con una persona deprimida, irritable, intolerante, incluso trastornada.

A menudo, la familia, los amigos y hasta los profesionales niegan o quitan importancia a la estrategia perversa, a veces explícita, otras más sutil, que sustenta la dinámica celosa en una pareja. Una de las simplificaciones consiste en hacer de la víctima —o sea, del celado—, el cómplice o incluso el responsable de tal dinámica. Esto supone negar tanto la influencia o el dominio que paraliza a la víctima y que le impide defenderse como la gravedad de la repercusión psicológica del acoso que se ejerce sobre ella. Cuando las agresiones, al no dejar rastro tangible, parecen a veces "sutiles", los testigos tienden a interpretarlas como simples aspectos de una relación conflictiva o apasionada, siendo que en realidad constituyen un intento entrometido e irrespetuoso de controlar al otro con el fin de lograr la propia seguridad y certidumbre.

El efecto sobre la víctima consiste en hacerla dudar de sí misma y de sus capacidades. A esto se suma el hecho de que esta suele eliminar sus intereses, sus deseos y, en ocasiones, incluso sus valores con el fin de no "generar" más conflictos. Librarse de esta dinámica requeriría hacer caso omiso de las agresiones y no tener dudas ni sobre sí misma ni sobre las decisiones que debería tomar, ejemplificadas en la frase del primer párrafo de este capítulo. Por el contrario, las interacciones constantes a las que se ve sujeta la llevan a una completa confusión e incertidumbre.

Los efectos del acoso permanente varían en grados e intensidades, pero con frecuencia pueden observarse consecuencias similares. Además de las ya mencionadas, podríamos agregar que las personas celadas tienden a descuidar sus relaciones sociales, invirtiendo gran cantidad de energía para protegerse de los ataques de celos; tienden, del mismo modo, a evitar circunstancias que generen más complicaciones o "escenas" vergonzosas, y así pueden llegar hasta el extremo de esconderse y aislarse. Las consecuencias pueden reflejarse también en ocasiones en un descenso del rendimiento laboral o académico.

Poco se habla de las consecuencias físicas que el estrés continuo tiene en el inicio y empeoramiento de muchas enfermedades. En el tema que nos ocupa, los daños fisiológicos, consecuencia de las situaciones, acontecimientos o estímulos que desestabilizan el equilibrio físico del celado, se dejan sentir con frecuencia en el estado de salud, aumentando la vulnerabilidad a los agentes patógenos y favoreciendo la aparición de malestares y enfermedades.

Las personas celadas generalmente se sienten incompetentes para terminar una relación que les lastima o para poner los límites necesarios para mantener una sana distancia y un grado suficiente de autonomía. Es común escucharles hablar de la duda permanente en la que viven y del miedo a que en cualquier momento pueda desatarse un interrogatorio, una acusación o una escena violenta, y la mayoría de las estrategias que tienden a probar para liberarse de su difícil situación muchas veces la empeoran. Pensemos en el caso de una mujer internada en un hospital, en estado de crisis, con tajos en las muñecas. El equipo que la atendió descubrió que su marido la había sometido a un interrogatorio acerca de su supuesta infidelidad que duró horas. Los "indicios" con que contaba eran unas manchas en la falda de ella, el pelo algo despeinado y las ventanas abiertas en el dormitorio. Estas intrusiones pueden persistir de tal modo que la persona acosada admita cualquier cosa con tal de que el otro se calle. Otra mujer, tras un acoso similar, afirma: "Puede insistir durante cinco horas sin dejarme dormir. Al final digo: 'Sí, ¿estás conforme?'. Entonces me pega…".

Las víctimas se suelen defender mal, sobre todo si al tomar la iniciativa de la separación, lo cual es a menudo el caso, se sienten culpables o amenazadas. Ellas saben que salir de círculos celosos extremos tiene muchos riesgos para el cónyuge celado. Hay varios problemas que dificultan una buena resolución de esta situación:

En primer lugar, hay un problema de riesgo físico, la violencia cada vez mayor que sigue a cada rebelión.

En segundo lugar, ocurre que dar a conocer la situación suscita una serie de ansiedades generadas por dar por terminado un "matrimonio fracasado", el estigma del abandono o, lo que es más cruel e injusto, el estigma de ser marcada como "una mujer fácil, puta, no querible...".

En tercer lugar, se da otra circunstancia que podríamos calificar como síndrome de Estocolmo doméstico. Las víctimas, quizá para aplacar al verdugo o para obtener algo de clemencia, se pasan a su lado y justifican los malos tratos, el acoso y las sospechas del celoso.

En cuarto lugar, concurre el problema de la resistencia a aceptar que la pareja o el cónyuge está "mal". O, si se acepta, se disculpa o se relativiza: "En el fondo me quiere".

Una persona que ve que los celos de su cónyuge desembocan en constantes agresiones, en semanas y meses de malhumor, recriminaciones constantes, restricciones a su autonomía o su libertad de movimiento, tiene que afrontar el problema, y, cuanto antes, mejor. Resulta claro que, si no se logra un modo de vida razonable, las partes tienen que considerar una separación, especialmente cuando aparecen conductas agresivas o delirantes.

En el filme *El infierno*, de Claude Chabrol, se ilustra de forma espectacular el proceso y el deterioro que generan los celos. Vemos en ella a una pareja en la que él, dueño de un hotel en la costa, observa feliz a su novia, de la que está enamorado. Al inicio de su matrimonio, la película nos muestra cómo el protagonista comienza a tener problemas de insomnio, que, en un principio, nos hacen pensar que están relacionados con el trabajo. Pero enseguida vemos cómo afloran los celos, que lo llevan a sospechar de ella, y las acciones que de ellos se derivan: la sigue como un detective, hace una interpretación distorsionada de lo que ve, imagina, oye voces...

La locura completa de una celotipia que lleva a un completo deterioro de ambos. Interesante el final de la película. No el clásico *The End*; en este caso dice: "sin fin".

CAPÍTULO 23

El dispositivo matrimonial

Sorprende que, a pesar de los altos índices de infelicidad, divorcio, violencia doméstica e infidelidad, la aspiración de tantas relaciones amorosas sea terminar en un matrimonio. Los amantes suelen acabar casándose, por eso parece necesario comprender las relaciones entre la realidad amorosa y la institución matrimonial. De la manera más sintética posible, podemos decir que el amor y el matrimonio pertenecen a lógicas distintas: el primero es una relación y, por tanto, pertenece a una lógica intersubjetiva basada en la libertad, la igualdad, el intercambio de identidades, el erotismo y la transgresión. El matrimonio, por su parte, pertenece a una lógica social; es una institución que, como tal, está sometida a derechos y deberes. El amor pide lo nuevo, lo privado, lo pasional, lo único... mientras que el matrimonio, como institución, busca lo social, lo estable, lo público, lo regulado, lo conservador..., y, partiendo de esa base, podemos entender que el amor y el matrimonio requieren de condiciones diferentes para existir.

¿Cómo es entonces que una relación que se inicia libre y original acaba en el altar o en el juzgado? El orden social es muy poderoso, su fuerza arrasa y somete a las mayorías de manera sutil y sostenida. Las necesidades de una institución y las necesidades de las personas que establecen una relación son bastante incompatibles, ya lo dijimos, de ahí la gran dificultad de armonizar amor y matrimonio... En esa tensión acaba por ganar el más fuerte: el poder de lo institucional, y por deteriorarse el más débil: el territorio de lo amoroso. Y de ahí también la sensación de desconcierto cuando al paso de los años el amor se marchita y la rutina y el sinsentido se apoderan de la pareja.

Pero ¿cómo actúa esa abstracción que llamamos "orden social" en la individualidad de las personas? A través diversos tipos de dispositivos para regularlas. Un tema complejo que esperamos poder resumir.

Llamamos dispositivo —ya hablamos de ello anteriormente— a un conjunto de realidades sociales que generan saberes y poderes acerca de algún tema importante en una sociedad: la medicina, la justicia, la educación, el sexo... Un dispositivo social no es una institución, un grupo de personas o una estructura real, sino un conjunto de discursos, instituciones, leyes, canciones, medidas administrativas, enunciados científicos, programas de televisión, profesiones e incluso modas y estilos arquitectónicos, así como proposiciones morales y filosóficas, dichas y no dichas.... En suma, cualquier cosa que tenga, de algún modo, la capacidad de capturar, orientar, determinar, interceptar, modelar, controlar y asegurar los gestos, las conductas, las opiniones y los discursos humanos. Y esto lo hacen por convencimiento, sin la concurrencia del ejercicio de la autoridad, porque el proceso de saturación es tal que se acaba por ver como naturales tanto las prescripciones como las proscripciones que establece ese dispositivo. A través de estas, el orden social nos hace ver, pensar, sentir y hablar de manera regulada y homogénea. Sobra decir que el orden social representa los intereses de las clases dominantes.

El matrimonio es uno de esos dispositivos que ejerce su fuerza sobre los cónyuges a través de los derechos y deberes —implícitos y explícitos— que genera como institución. Es un medio para transmitir una ideología particular que crea intereses, deseos y valores acerca del sexo y el amor en el interior de la pareja. Prescribe un tipo de interacción específica, única y total, entre un hombre y una mujer, necesaria para que el orden social se perpetúe. Su fuerza suele aniquilar la posibilidad de que cada pareja construya una relación intersubjetiva libre, creativa y rebelde, propia de la lógica del amor, de modo que la relación amorosa inicial acaba convirtiéndose en un matrimonio en el que el enamoramiento ha desaparecido, el erotismo no existe y el amor se desvanece..., aunque como institución funcione con reconocimiento social y efectos socioeconómicos. El matrimonio suele convertir una relación amorosa, cuyos fundamentos son la mutualidad, la unicidad y la fortaleza, en otra definida por la posesión, la debilidad y la exclusividad.

De este modo, acaba por ocurrir que entre los antiguos amantes queda solo una relación bastante vacía presidida por la monotonía. Y, en la búsqueda de soluciones, se deja ver con claridad la lógica consumista, que suele proponer la introducción de novedades rápidas, simples, uniformes, que generalmente pertenecen a la lógica del consumo: más pareja, más sexo, más... más... Pero toda novedad está destinada a dejar de serlo, y, en la medida en que estas van perdiendo su poder, se hacen precisas otras y después otras más, de modo que este movimiento progresa hasta invadir todo el matrimonio, momento en que aparece el grado máximo de consumo: consumir otras relaciones de pareja, consumir hombres y mujeres... Tal vez esta sea la razón principal de una situación de infidelidad.

Difícilmente se distingue y entiende cómo es que lo que comenzó lleno de ilusiones y planes acaba por llegar a un estatus de rutina y desamor. Además, los cónyuges pocas veces reconocen el mecanismo social en el que se encuentran insertos, ni las consecuencias que resultan de dejarse subyugar del todo por el orden social. De este modo, es fácil pensar que sus problemas maritales son resultado de una disfunción "interna" de sus miembros, de una falta de amor o de la presencia de un tercero, creencia que avalan muchos estudios de psicología y psicoanálisis. La pareja se siente entonces defectuosa, injusta o enferma. Si así ocurre, es lógico que aparezcan las reclamaciones y la culpabilización, hacia sí mismo o hacia el cónyuge, lo que los lleva a caer en un círculo de exigencias, celos y, con frecuencia, violencia. Y es que, llegada a ese punto, la pareja, convertida en institución que fundamentalmente los esclaviza, se enfrenta al mundo social desde dos posiciones extremas, ambas destructivas: o se hace muy permeable al influjo externo introduciendo en exceso amigos, familia, etcétera, o se cierra en sí misma exigiendo al otro que satisfaga todas sus necesidades.

Recordemos la carta de San Pablo cuando afirma que el amor todo lo puede, todo lo soporta y todo lo perdona. El orden social se une a esta invitación fomentando el romanticismo y promoviendo matrimonios "comprometidos y eternos" que pueda controlar y predecir. La andadura comienza entonces con esta premisa con mil expectativas y demandas, y, cuando la pareja empieza a ver que no se cumplen, o bien reconsidera una nueva forma de amor intentando evitar la idea de amor total, o fracasa y finalmente estalla produciendo una gran crisis amorosa, a veces sin celos, pero muchas veces envuelta en ellos.

El amor y las relaciones de pareja eficaces y sólidas son un peligro para el orden social, porque suponen, justamente, una lógica antisocial. La satisfacción de los amantes se da a través de la riqueza de su relación, al margen del mundo. Lo conyugal tiene para ellos más importancia que lo social y, a la hora de dedicar tiempo, energía y motivación a algo más doméstico, convencional o productivo, están menos dispuestos para el consumo, para el trabajo y la obediencia.

CAPÍTULO 24

La existencia de terceros

Nadie nos satisface por completo. Antes o después, pasado el enamoramiento, nos enfrentamos con la imposibilidad de alcanzar una relación que llene todas las áreas de nuestra vida, todos los matices de nuestra persona. En el mejor de los casos, percibimos la sensación de "esto que tengo es bueno, pero falta algo...". Y es que, junto con lo que vivimos y queremos, estamos deseando siempre otras vidas, otras relaciones y otras experiencias, más amigos, diferentes lugares, diversos intercambios... Ninguna relación amorosa es una relación total. Y siempre existen los otros, de modo que en una pareja son siempre tres o más. Esta existencia de los terceros y, por tanto, de las relaciones triangulares, se explica por el hecho de que el amor necesita dos personas, pero el deseo, del cual hablamos, exige más... Uno se casa con alguien a quien ama y con quien quiere compartir buena parte de la vida, pero el deseo no se casa con nadie.

Somos múltiples, complejos, por tanto, las relaciones demasiado exclusivas y totales llegan a cansar, a perder interés, a derivar en buenas amistades, pero no en relaciones eróticamente estimulantes. ¿Cómo entender que no somos una unicidad, sino una multiplicidad de personas en las que existen intereses, necesidades y deseos que no pertenecen a nuestro Yo predominante? ¿Cómo hacer que esos distintos "yoes" que nos constituyen puedan expresarse y satisfacerse?

Para la experiencia del celoso es muy difícil admitir que el amor erótico nunca es dual, es decir, aceptar la existencia de otras personas con las que se establecen vínculos de diversos tipos: diversas formas de realidad con terceros con quienes se establece algún tipo de interacción. Si bien estas relaciones son un complemento a la relación amorosa conyugal y comparten algunas de las características conyugales, no han de competir con la relación primaria de la que no son una alternativa, ni necesariamente habrían de implicar una práctica sexual, aunque tengan una clara dimensión erótica (como casi todas las significativas). Por otro lado, los terceros no siempre existen en el plano del presente actual, a veces su incorporación se da en la fantasía o de forma virtual, iluminando de ese modo toda la relación de la pareja estable y aportando emoción y placer a la persona que lo integra. Aun sin tener existencia actual, puede rescatar del olvido, o de posibles conflictos con el mundo de nuestros deseos, un sinfín de renuncias que realizamos en un momento determinado de la vida cuando elegimos pareja.

Con frecuencia se ha pensado que la intervención de un tercero en la pareja se debía a un déficit en la relación, a conflictos conyugales o a grandes carencias individuales. Es cierto que las relaciones amorosas con alto grado de conflictividad favorecen la aparición de terceros, pero no podemos negar nuestra condición humana, siempre carente y necesitada… insatisfecha. Nuestro vivir diario es una constante contradicción: queremos esto y esto otro también…, nos gusta algo que al mismo tiempo nos cansa… Esta diversidad incluye complejidad y contradicción, pero no necesariamente patología.

De forma opuesta al pensamiento convencional, pensamos que la existencia de terceros, además de ser inevitable, puede ser beneficiosa para sortear problemas y sufrimientos derivados de una relación demasiado cerrada, idealizada y demandante. Nos atrevemos a ir más allá afirmando que las relaciones que incluyen alguna triangularidad parecen ser aun más estables que las relaciones totales y cerradas.

Hay personas que, con plena consciencia de esta inevitable triangularidad en las relaciones amorosas, han hecho pactos destinados a sentirse emotiva y eróticamente más libres. Vemos entonces que hay relaciones amorosas que explícitamente incluyen a terceros en su vida de pareja: en mayor o menor grado y con mayor o menor acuerdo, desde encuentros fortuitos, pasando por experiencias *swingers,* hasta una relación paralela con cierto grado de compromiso y durabilidad. El hecho de que estos arreglos sean más o menos explícitos y acordados puede hacernos suponer que de algún modo esas personas eludieron los celos. No es así, siempre son algo a gestionar de la mejor manera posible. Imposible imaginar que las parejas más abiertas dejen de enfrentar las situaciones complejas que se derivan de ellos.

Pero, si bien es imposible erradicarlos, sí se pueden mitigar al distinguir las acciones en sí mismas del significado que les damos. Precisemos esto. El tipo de amenaza que las relaciones eróticas con otra persona suponen para el cónyuge no está en el sexo mismo. Los celos surgen del temor que se experimenta ante la idea de perder al ser amado. Cuando la presencia de un tercero se convierte en humillación, reclamo, engaño o amenaza, el miedo y la herida son muy grandes y, con frecuencia, insuperables. Esto es lo que finalmente crea problemas, no tanto la inclusión del otro ni las acciones que se realicen con él. Tal vez integrar esta diferencia entre significados y acciones sea una de las tareas más difíciles de llevar a cabo, dado que rompe paradigmas monogámicos arrastrados de generación en generación en las culturas patriarcales.

Entendiendo y aceptando que la dinámica amorosa erótica incluye la existencia de terceros, ¿no será que, para manejar los celos, más que cuestionar y vigilar a nuestra pareja, se necesita trabajar el tema de la autonomía y la propia inseguridad personal?

CAPÍTULO 25

¿Fidelidad o exclusividad?

Si la extraconyugalidad está estadísticamente *in crescendo*, ¿por qué mi relación de pareja se verá necesariamente exenta de esta experiencia? ¿Podría yo abrirme a la posibilidad de que mi pareja establezca otras relaciones significativas, sexuales o no? O bien, ¿por qué tendría yo, habiéndome comprometido en una relación amorosa, que renunciar a otros encuentros? Estas y otras preguntas rondan con frecuencia la cabeza de los amantes, quienes, siendo realistas, saben que las oportunidades de encontrarse con otras personas que aporten algo relevante y estimulante a su vida y la falta de razones para negarse a dichos encuentros son posibilidades a la orden del día.

La fidelidad, en términos generales, consiste en cumplir los compromisos que hemos elegido adquirir en cualquier situación. En el caso particular de una relación de pareja, la fidelidad orienta los intereses, deseos y valores de una persona para cumplir su compromiso vital con el otro; de este modo expresa la voluntad de creer en un ser humano y comprometerse con su vida. Por esta razón, las formas que adquiere la fidelidad conyugal pueden ser muy variadas y solo se pueden entender en el interior de la relación misma en la que se generan. Hablar, entonces, de una fidelidad objetiva, aplicable a todos a rajatabla, dictada por un criterio externo a la pareja que las crea, es inadecuado.

Comúnmente confundimos la fidelidad con la exclusividad, pero la fidelidad es una necesidad de toda relación humana, también del amor, en tanto que la exclusividad erótica es una opción que se ha instaurado como regla cultural en un mundo patriarcal. No es de ninguna manera producto de la biología, ni norma necesaria para la supervivencia de la especie ni universal en las organizaciones sociales humanas. Tiene valor cuando se elige libremente, nunca cuando es un escudo contra el miedo o una plataforma para reducir la incertidumbre propia de la vida, y menos aún cuando un compañero celoso lo exige como prueba de amor a través de la imposición y la coerción.

La fidelidad es un acuerdo entre dos partes, y el contenido de ese acuerdo puede ser muy variable, pudiendo incluir o no la exclusividad erótica, de modo que se puede ser fiel en una relación amorosa, aunque se den relaciones extraconyugales y se puede ser infiel, aunque aquellas no existan. Sin duda es una virtud, un valor ético y una necesidad social, por eso cuando se ve quebrantada origina conflictos profundos y dolorosos en cualquier relación humana. Por su parte, la exclusividad, como decisión opcional, no tiene valor moral en sí misma, es decir, no es ni buena ni mala, depende del acuerdo amoroso que se tenga con la pareja.

Las relaciones amorosas requieren siempre de algún tipo de contrato al cual los amantes, si quieren cuidar y expresar la mutualidad, la fortaleza y la unicidad de su relación, han de ser fieles. En este contrato los cónyuges definen asuntos con relación al dinero, a la familia, a los amigos, al trabajo, a la comunicación y al uso del tiempo. Lo erótico y lo sensual, por supuesto, quedan inscritos en dicho contrato. Entendida así, la fidelidad en una relación de pareja se desarrolla a partir del mundo singular que crean los amantes. El núcleo de esta es el propio compromiso entre los cónyuges y no las prácticas u organizaciones sexuales que realizan.

Ahora bien, si muchas áreas pactadas en la vida de pareja generan diferencias, deslealtades y conflictos, el espacio de lo erótico es uno de los "terrenos minados". Tal vez porque en él se sustenta el símbolo de la unicidad de la pareja, tal vez por los tabúes en torno a la sexualidad, quizás por la primacía de una cultura judeocristiana que, en aras de mundos superiores y futuros, desprecia el deseo, y tal vez también por razones políticas, que favorecen los contratos patriarcales y los acuerdos conservadores que, por convencionales, son fáciles de modelar… Sean las causas que sean, lo erótico siempre crea mayor roce, mayor suspicacia, mayores problemas. Sin embargo, la elevada frecuencia de las relaciones extraconyugales que nos muestran todas las encuestas nos habla de una norma que casi nadie cumple. Y eso no sucede porque todo el mundo sea malo, sino porque la regla no tiene que ver con la realidad de las personas: cualquiera elegiría una vida erótica más variada si le dieran la garantía de no ser descubierto, y seguramente nadie despreciaría un encuentro intenso, por fugaz que fuera, si supiese que no tendría que dar ninguna explicación. ¿Consideraríamos infidelidad una de estas conductas si tuviéramos la certeza de no alterar con ella el compromiso conyugal?

Una vez considerada la articulación entre fidelidad y exclusividad, debemos reflexionar también en torno a otras cuestiones importantes: ¿por qué es tan peligrosa, desasosegante y generadora de celos y de violencia la no exclusividad sexual? ¿Qué condiciones tendrían que estar presentes para que esta no fuese tan dañina?

El problema que nos supone la existencia o no de exclusividad sexual en una pareja no es la existencia en sí de una u otra conducta erótica con otras personas, sino la amenaza que habitualmente simboliza. Es traumática porque esa sexualidad ajena a la relación nos amenaza en algo importante: la hombría, la feminidad, la seguridad, la intimidad, la economía, la preeminencia, el orgullo… Todas estas situaciones comparten el más grande de todos los miedos que tenemos: la pérdida, el abandono. La amenaza es el problema, no la conducta sexual. De ahí que lo que se considera infidelidad sea, en parte, distinto según las diferentes culturas. Casi es un tópico mencionar dos casos opuestos, por un lado, el de los inuit —ya citado en otra parte de este libro—, que ofrecen la esposa al visitante como ritual de bienvenida, y, por otro, el de algunos países islamistas en los que el hecho de que una mujer casada hable con un hombre en la calle levanta sospechas de infidelidad que pueden conducirla hasta la muerte.

Cuando la no exclusividad sexual es el resultado de un acuerdo, sea este explícito o no, la extraconyugalidad deja de ser una amenaza a la fortaleza y unicidad de la relación amorosa.

CAPÍTULO 26

¿A qué somos fieles?

¿Qué es lo que protege la fidelidad, el amor o el matrimonio? La posibilidad de acuerdos de relación amorosa que no incluyan una absoluta exclusividad, sino que definan en qué condiciones es o no posible, señala una concepción del amor que cada día aumenta. Si esa forma de ser fiel no amenazara a la feminidad, a la hombría, a la seguridad, a la intimidad..., ¿podríamos abrirnos a la posibilidad de pensar que existen relaciones extraconyugales que no alteran el compromiso de mutualidad, de fortaleza y de unicidad de la pareja?

¿Por qué es tan difícil y amenazante comprender la diferencia entre fidelidad y exclusividad sexual? Estamos acostumbrados a sentirnos con perfiles propios e insustituibles en el territorio erótico; quizás porque el sexo es la experiencia más trascendente y, por tanto, conmovedora del ser humano, de forma que es el ingrediente más importante en la relación amorosa. Ahí justamente radica su diferencia con las relaciones de amistad o fraternidad: las parejas son parejas de amantes. De ahí que el sexo sea tan importante, y que lo erótico, lo sexual, sea tan buena metáfora de esa necesidad de ser único para el otro, esa profunda aspiración del ser humano. No es extraño entonces que la exclusividad sexual se convierta en metáfora y paradigma de fidelidad. Pero no es necesario, ni eficaz, ni es conveniente esa vinculación.

Nadie puede afirmar sino desde su propia subjetividad que la monogamia más estricta sea superior o inferior a cualquier otro modelo.

Si bien hay personas que desean una fidelidad entendida como exclusividad erótica, y esto no les supone mucho más que lo que cualquier renuncia implica, en la mayoría de los casos la fidelidad así concebida se mantiene más por coerción y temor que por convicción. Es la situación de quien es fiel por no atreverse a ser infiel, o por no tener el permiso para serlo, como en el caso de la persecución y acoso que genera el celoso.

Todos gozamos de un mundo privado con espacios y tiempos extraconyugales, que, por tanto, no pertenecen a nuestra pareja. El problema se da cuando estos mundos privados son visibles para el otro, porque aparece el temor a la ruptura y los celos. Todo lazo fuera de la relación conyugal siempre corre el riesgo de desestabilizarla, porque las relaciones con terceros que implican una relación erótica son siempre, en nuestro universo cultural, impactantes para ambos cónyuges. De manera particular, una persona celosa, suspicaz, insegura vive con mayor intensidad esta sensación de miedo. Pero al final, como ya señalamos, el verdadero problema no es la conducta sexual, sino la amenaza que constituye. Por eso, sea cual sea el tipo de relación extraconyugal que se desarrolle, habrá de dar seguridad al otro en los fundamentos mismos de su identidad, en lo que es único e insustituible de su relación. Por otra parte, no se puede dejar de considerar que la amenaza siempre existe, siempre es posible encontrar a otra persona o desencantarse de la que uno ha amado, aunque haya optado por una monogamia estricta. No hay seguros de amor.

Sabemos que la dinámica del amor se contrapone a la dinámica del deseo: este vive en la ausencia, mientras que el amor requiere lo estable, lo duradero, la presencia... Por eso, en las relaciones de larga duración el deseo se dificulta. Existen muchos matrimonios que después de una lucha de años logran una estabilidad y una vida amorosa en común que quieren conservar. Si bien no están en el territorio de las grandes pasiones, los intereses comunes, el compromiso, el cariño y la mutualidad son valores que quieren mantener. Más aún, el cultivo de todo esto facilita incluso un grado de erotismo satisfactorio entre ellos. Parejas que alcanzan este grado de satisfacción, estabilidad y seguridad pueden relativizar la importancia del hecho de que alguno de ellos viva de manera más intensa el componente erótico al margen de su relación sin confundirlo con el amor que ellos construyeron. En estas parejas, la experiencia extraconyugal no representará una amenaza que rebase los límites de cualquier riesgo propio del vivir. Aunque pusimos foco al tema del erotismo en la extraconyugalidad, esto puede extenderse a otras áreas compartidas de orden intelectual, lúdico, afectivo... sin que por eso dejen de ser complicadas también.

Así vista, la fidelidad consiste en mantener el compromiso adquirido con el otro, compromiso que cambia de contenido en tanto que nuestra vida cambia al paso del tiempo. Las diferencias que surgen a lo largo de los años llevan al desarrollo de necesidades y decisiones diferentes para cada pareja, que deberían concretarse en una vida singular no sometida a lo impuesto socialmente. Pero no es fácil; hemos de recordar que vivimos en una sociedad que privilegia la uniformidad, y una pareja que se atreve a transgredir es peligrosa por las implicaciones políticas que esa acción tiene. Solo tras la Segunda Guerra Mundial y el auge de las democracias empiezan a ser posibles otros modelos de pareja que desafían la desigualdad de género y privilegian el amor y la libertad, alejando los celos.

Romper estos esquemas y no considerar a la pareja un "territorio conquistado" permite vivir una relación de fidelidad que no exija al otro una exclusividad, ni en el área emocional, ni en el área intelectual, ni siquiera en el terreno erótico. Este desafío permite generar relaciones originales, estimulantes, exigentes, transgresoras, comprometidas, al mismo tiempo que novedosas. No afirmamos que sea fácil, menos aún para quienes viven los celos de una manera exacerbada, ya que tolerar la ambivalencia, la complejidad y las contradicciones propias de estas experiencias implica un reto a la propia persona y a la relación. Sin embargo, valdría la pena considerarlo, ya que las relaciones exclusivas en todas las áreas, aquellas que generan "certezas absolutas", si bien no producen celos, tampoco generan casi nada.

La infidelidad, por tanto, hay que entenderla como una deslealtad o una traición al compromiso amoroso acordado, pero los tipos de compromisos amorosos que se realizan pueden y deben variar, no solo entre las diferentes personas según sus deseos, intereses y valores, sino a lo largo de la vida entre los mismos cónyuges. La fidelidad siempre es más fácil cuando las prescripciones y las prohibiciones son claras y puntuales; un contrato de pareja rodeado de límites y normas que restringen en demasía será mucho más difícil de ser cumplido, lo cual aumenta la posibilidad de que existan infidelidades, es decir, violaciones que posibiliten el rompimiento del contrato.

Pero entonces, ¿a qué hay que ser fieles en las relaciones amorosas?

Primero, hemos de ser fieles al pasado, es decir, a la historia que hemos construido juntos a través de una sucesión de hechos y eventualidades compartidas. A ese vínculo que queremos conservar, disfrutar, aumentar... Ningún valor puede construirse sin memoria —las relaciones amorosas la tienen—, ella es la que nos hace conectar el pasado con el presente y mantener un vínculo de compromiso.

En segunda instancia somos fieles al presente, a los deseos, intereses y valores que nos constituyen; a todo lo bueno, bello y verdadero de nuestra relación. A lo que hace que esté viva y continúe: la ternura, el deseo, el apego, lo cotidiano, un cierto enamoramiento, el compromiso...

Y, por último, somos fieles al devenir de la relación en el futuro, aun cuando esta cambiara o terminara, reconociendo que siempre estaremos en la vida del otro, y que el otro siempre será parte de nuestra vida, amando siempre el amor que nos tuvimos...

CAPÍTULO 27

En el siglo XXI

Hoy vemos cómo se ha producido un cambio drástico, acelerado, resultado del impacto de la revolución que ha traído la sociedad red, la sociedad de la información. El siglo XXI parece que se va a caracterizar por la revolución tecnológica, la crisis del capitalismo y el auge de los movimientos sociales que llevan aparejados el feminismo y la decadencia del patriarcado.

Una nueva sociedad y una nueva forma de relaciones amorosas están apareciendo, y es de prever que en ellas los celos cambiarán. Existirán, ya que, como vimos, son algo universal de los seres humanos y derivan de nuestra capacidad de desear.

La cambiante situación de nuestro mundo, al quitar al hombre privilegios que antaño gozaba en la relación de pareja, ha provocado un efecto contradictorio. Por un lado, la disminución de los celos, ya que, cada vez más, nuevas formas de relación amorosa no patriarcal ni machista van entrando en la lógica normal de las relaciones amorosas, y, por otro lado, un aumento de los celos masculinos en las relaciones amorosas, ya que muchos hombres no entienden ni aceptan que el mundo ya no es el que conocieron, ni en el que se educaron.

Otro fenómeno curioso e inquietante es que las mujeres, sobre todo aquellas de edad media, profesionistas e independientes, ya no consideran que el matrimonio convencional sea algo aceptable para ellas. Se observa así una tendencia a que se refugien en grupos de mujeres, al mismo tiempo que ellos lo hacen en grupos de hombres. No es infrecuente que estos, en una situación similar, es decir, profesionistas, de mediana edad, divertidos y exitosos, se junten con sus amigos para ver el fútbol y paguen por sexo cuando lo quieren; de esta manera no necesitan exponerse a la inseguridad de acercarse a una mujer, no necesitan siquiera tener una conversación, y se evitan la incómoda experiencia de sentirse inadecuados, pero el resultado es una sexualidad muy rápida, orgásmica, impersonal y genital. Esta estrategia, entre otras cosas, puede que evite los celos, pero ¡a tan alto coste...!

Aun con la franca crisis del patriarcado, no podemos negar que los hombres siguen teniendo más oportunidades ocupacionales, lo cual, sumado a su mayor fuerza física, los inclina a la confrontación como forma de resolver dificultades. También sigue siendo verdad que un grupo muy significativo de mujeres se encuentra en una situación de gran dependencia, dada la presencia de los hijos y su escasez de recursos económicos y ocupacionales. Así, al inicio del siglo XXI hay que reflexionar sobre cómo "el amor" se ha convertido en un problema de salud pública. Desde la familia hasta la escuela, pasando por los medios de comunicación y los poderes públicos, se ha de ser consciente de que la evolución sentimental de los seres humanos va atrasada respecto al cambio social, y tenemos, por tanto, que hacer un esfuerzo por pensar, difundir y practicar nuevas formas de amar, de ser hombre y de ser mujer, de vivir en pareja: nuevas formas de sexo, de compromiso, de fidelidad... Hasta formas diferentes de sentir celos.

En este siglo XXI disponemos de una red de comportamientos que se alejan de las formas tradicionales e institucionales del amor. Los últimos años nos han mostrado la imposibilidad, en un mundo como el que vivimos, de un amor cerrado y total, y no como una opción sino como una realidad insoslayable. El psiquiatra Willy Passini describe algunas conductas que con acierto mediático llama "perversiones blandas". El cibersexo, las relaciones extraconyugales, las relaciones de tres, el intercambio de parejas, las vacaciones separadas, "los jueves excluidos", la sexualidad en grupo, exhibicionismo o voyerismo compartido, los *chats*... están empezando ya a pertenecer a los nuevos comportamientos amorosos de las parejas, asumiendo, con estas conductas, los placeres eróticos como lo más humano que tenemos. Y también persiste lo opuesto. Pero una actitud de castidad libremente asumida, sin esfuerzo, revela no tanto un autocontrol como un trastorno profundo de la personalidad.

La institución tradicional va perdiendo fuerza. De hecho, en muchos contextos, la forma habitual de papá y mamá con dos hijos, uno de cada sexo, mostrada como la estructura ideal, es ya minoritaria. Las relaciones basadas en un intercambio de complementariedades ceden el paso a las basadas en el intercambio de identidades, en las que cada persona conserva la suya propia, además de su economía, sus decisiones, su universo, sin que el amor signifique la pérdida de todo ello, sino que sea el entrecruzamiento de dos mundos autónomos.

El inicio del siglo XXI está viendo surgir nuevas modalidades de relación amorosa. Parejas que, aun siéndolo, viven separadas, solteros sin relaciones comprometidas, parejas reconstituidas, parejas de hecho, relaciones abiertas, parejas de divorciados... o relaciones esporádicas. Muchas fórmulas, muchos experimentos que nos hablan de la necesidad de inventar nuevas formas de amar que, más igualitarias y libres, no evitarán los celos, pero los harán más manejables.

CAPÍTULO 28

Solamente tus celos…

> Simplemente se trataba de que a ti el mundo te miraba con indiferencia, a veces hasta con hostilidad, y a mí la gente solo me regalaba sonrisas y confianza. Tú despreciabas esa confianza y esa amistad que el mundo me ofrecía, y al mismo tiempo estabas mortalmente celoso de ellas. Seguramente imaginabas (no de una manera manifiesta, naturalmente, sino a través de sentimientos confusos) que una persona mimada y amada por el mundo tiene algo de prostituta. Hay personas a quienes todo el mundo quiere, a quienes todo el mundo regala con una sonrisa, a quienes todos miman y perdonan, y esas personas generalmente tienen algo de coquetas, algo de prostitutas. Ya ves, yo ya no tengo miedo de las palabras. (…) Si tú me veías así, te equivocaste. Solamente tus celos pudieron imaginarme de esa manera distorsionada.
>
> SÁNDOR MÁRAI, *El último encuentro*

Los celos, una de las grandes realidades humanas y uno de los grandes temas de la literatura. Muchas veces son las obras de ficción las que mejor iluminan ese sentimiento. Consideremos un ejemplo.

En el antiguo Imperio austrohúngaro, dos amigos, inseparables en su juventud, vuelven a reunirse cuarenta años después en un pequeño castillo, al pie de los Cárpatos, para repasar su vida y lo que les unió y separó: una mujer, Krisztina. Toda la acción transcurre en veinticuatro horas, que es el tiempo que dura el encuentro de los dos hombres y las horas previas de los preparativos, en las que el protagonista, Henrik, un general retirado, se dispone en su mansión para recibir a Konrád, que fue amigo y compañero en el ejército. Durante esa preparación, evoca su propia infancia y algunos detalles de la vida de su familia, así como la diferencia de clase, educación, gusto y cultura entre él y su amigo. Henrik es perfecto para la vida militar, mientras que Konrád, también militar, aunque no pertenece al mundo aristocrático, tiene un enorme talento artístico. Parece que se trata de un reencuentro entre dos viejos amigos, pero en realidad asistimos a una venganza que cristaliza en torno a una pregunta que Henrik ha rumiado durante años.

Muchas lecturas tiene esta pequeña novela de Sándor Márai titulada *El último encuentro,* que ofrece una buena cantidad de reflexiones maravillosas sobre las sinuosidades del alma. Aquí nos interesa su descripción de un mundo masculino, patriarcal y machista (el ejército, el honor, los valores viriles), y, junto a ello, sutiles ideas sobre la amistad, el amor, la verdad, la culpa y lo que nos interesa ahora: los celos.

La novela nos presenta, sobre todo, las reflexiones de Henrik hablando en primera persona. Él encarna el mundo de la verdad y la objetividad. Enfrente está Konrád, que se sitúa en el polo opuesto: el de la verdad imprecisa y subjetiva. No entraremos en detalles para no estropear el argumento. Para nuestro propósito nos basta con saber que ambos amigos se separan cuando, durante una jornada de caza, Henrik descubre a Konrád apuntándole con el rifle y piensa que va a matarlo. El amigo no dispara, pero desaparece durante esos cuarenta años. Henrik, por su parte, tras aquel día, se fue a una casa de su propiedad, alejada varios kilómetros de su hogar. Ella, Krisztina, nunca fue allí a buscarlo; estuvieron separados toda la vida y murió, años después, sin volver a tener ningún contacto con él. Tras todo ese tiempo, el general invitó a su amigo a ir a su casa porque quiere hacerle una consulta que solo él puede contestar. No, no es lo que uno pudiera esperar; no quiere saber si quiso realmente matarlo o si ese suceso fue una interpretación de su imaginación, ni siquiera quiere preguntarle si lo engañó con Krisztina. Para esas dudas ya tenía una respuesta afirmativa, ya no tenían valor. La pregunta es otra, que nos lleva directamente al tema de los celos.

Lo que le interesa al general al final de su vida no son ya los hechos desnudos, ni si ocurrió una u otra cosa y de qué forma. Le interesan los significados, ahora que sabe que exigir fidelidad puede que solo sea una muestra de egoísmo y vanidad. Pero recuerda que, cuando sucedieron aquellos acontecimientos, había estado un tiempo dedicado constantemente a pensar y observar todos y cada uno de los indicios que pudieran revelar el engaño de su mujer y su amigo; entregado en cuerpo y alma a una realidad vivida desde los celos. Toda la parafernalia emocional y de acción que estos mueven aparece a lo largo del relato: la desconfianza, el miedo, el resentimiento, la venganza, la ira...

La novela de Márai nos alerta de la insignificancia de una verdad objetiva, notarial, así como de los sentimientos, ideas y acciones que alberga el celoso, de todo aquello que con el tiempo se vuelve humo, pero también de la dificultad de deshacerse de ello cuando se está viviendo. ¿De dónde viene esa dificultad? El general lo dice con claridad: el orgullo. De una idea primitiva, pero poderosa, que vincula la exclusividad sexual —siempre objetiva— con la valía personal —siempre subjetiva—, que nunca armonizan muy bien. Es en este punto donde podemos hablar de un orgullo que, malentendido, se convierte en el factor más difícil de superar en los celos. En la novela, tras cuarenta años, Henrik aún necesita, para morir en paz, alguna explicación que cierre su historia con Krisztina.

Si no hay una elaboración, si no ocurre olvido o perdón, los celos alteran el curso de una vida o la matan, como en el caso de Henrik y Krisztina. Después, solo el paso del tiempo hace que uno pueda asomarse a la relación amorosa que se perdió sin tener que estar protegido por la vanidad o el resentimiento. Henrik ya no quiere saber la materialidad de lo que ocurrió, no quiere hacer un juicio, ni desarrollar ninguna acción. Pero sí quiere completar con interés y pasión el significado de su historia de amor. No se niega, no se oculta. Se vive, se acepta, se cambia. Un buen programa terapéutico.

CAPÍTULO 29

Desvelar y ocultar. Contradicciones de la verdad

La vida de pareja exalta el valor de la verdad total como requisito para construir una relación de confianza, compromiso y auténtico amor. Esta visión impele a sus miembros a decirse *todo*, compartir *todo* y enterarse de *todo* lo del otro..., pero para poder mantener una relación de pareja hace falta una cierta dosis de desconocimiento, de locura y de ceguera.

El dilema entre la autonomía y la transparencia cobró fuerza con los puritanos norteamericanos del siglo XVIII. Ganó la idea de que la transparencia es, en toda relación, la virtud más elevada. El resultado fue demoledor, porque estimuló relaciones banales, clandestinas y policiales.

Adentrémonos en esta cuestión iniciando por hablar del enamoramiento. Estar enamorado es experimentar un sentimiento de cambio, de renovación, de fantasía y bondad que hace que transfiguremos la visión que se tiene de uno mismo y del otro, eliminando las diferencias y también otorgando al mundo que nos rodea una significación personal e imborrable. Es una experiencia de compartir todo, de ser transparente, seguro, armónico y total... La fusión con el otro hace que en los enamorados se produzcan fenómenos fisiológicos y psicológicos notables, entre ellos la pérdida de las nociones de espacio y tiempo, la ensoñación y la irracionalidad. Durante un tiempo, la fusión de identidad, incluyendo la fusión sexual, es muy placentera, pero eternamente es insostenible. Antes o después, lo desconocido, lo apartado, lo inconsciente y lo real aparecen, generando una profunda ambivalencia en la relación. Así que el enamoramiento está muy lejos de la verdad. Sin embargo, sostener algo de esa irrealidad es necesario para que se mantenga la relación amorosa. El amor necesita de una cierta desvirtuación del otro, verlo de una manera algo idealizada, no del todo realista, un poco oculta. Por eso, la idea de la transparencia total altera las relaciones amorosas.

Los seres humanos tenemos tres dimensiones: una pública, que es abierta y, por tanto, está a la vista de todos; nuestros círculos laborales y sociales amplios entran en esta categoría. Existe también una privada, a la que tienen acceso solo unas pocas personas con las que la compartimos, nuestros seres queridos y allegados, familia cercana, amigos entrañables. Finalmente, la íntima: sí, "yo conmigo...".

Esta última, la dimensión íntima de las personas, es incomunicable. Lo que ocurre en esta esfera no puede ser abierto, porque si se compartiese pasaría al mundo de lo privado, cambiando así de naturaleza. Hay todo un mundo de pensamientos, de deseos, de acciones, de situaciones, que es secreto, que es incompartible. Cosas que no solo no pueden, sino que no deben ser dichas. Este mundo íntimo tiende a ser complejo, contradictorio y, hasta cierto punto, incongruente y caótico. No es cierto que estemos hechos de una sola pieza, nuestra subjetividad se constituye con miles de facetas, deseos, matices y necesidades. Por esta razón, abrir la dimensión íntima al otro no solo es complicado, sino imposible. Por más empáticos que podamos mostrarnos unos con otros, la sutileza de la subjetividad humana no nos lo permite.

La vida de pareja no queda excluida de esta dinámica: entre los amantes siempre existe espacio para un mundo oscuro que, de ser abierto, destroza automáticamente la relación amorosa. El amor, como dijimos, es "lo que nos deja inconsolables". No hay posesión total. También mencionamos que el amor incluye lo conyugal y lo extraconyugal necesariamente. Por eso, con mucha frecuencia, cuando alguien ha sufrido por celos —bien siendo esos celos fruto de su sola imaginación, bien siendo generados por la presencia real de un tercero—, cree que la solución pasa por la transparencia: hay que "confesarse", decirlo todo, abrir todas las cartas y ponerlas sobre la mesa... Este manejo, popular incluso entre muchos terapeutas de pareja, tiende a ser erróneo, porque lo más probable es que esa aparente "resolución" no remedie los celos y aniquile el amor al diluirlo en una asociación de amigos, de socios o de padres.

Si somos honestos, llegará un momento en que tengamos que conjugar cuatro palabras y jugar como malabaristas con todas ellas: la franqueza, el secreto, la culpa y el perdón. Extraño será que no nos enfrentemos con este dilema y nos planteemos algunas preguntas: ¿en qué consiste la franqueza y, por tanto, la verdad? ¿En qué consisten los secretos y, por tanto, la mentira?

No siempre se puede decir la verdad, no hay por qué considerarla como un bien superior a todos los demás. Pero hay personas fanáticas de ella que hacen un manejo tan congruente, abierto y certero que, cruelmente, genera desastres en la vida de la pareja: ¡hágase la verdad y perezca el amor!

Uno no puede vivir como si existieran verdades absolutas acerca de sí mismo y de los demás. Hemos de considerar de manera seria que somos seres contradictorios y que tenemos diversos niveles de pensamiento, de acción y de significado, generalmente incompatibles entre sí. Por tanto, ¿qué es más verdad, esto o lo contrario? Cuando digo que te quiero, ¿qué es lo que no quiero de ti? Cuando soy fiel, ¿en qué estoy siendo infiel?

En última instancia, no podemos decir la verdad porque a ciencia cierta no la conocemos. Además, no podemos perder de vista que lo importante en las relaciones amorosas no es la verdad en sí, sino la propia relación amorosa. Ser franco es decir cosas acerca de uno que son verdaderas, o que al menos en ese momento se viven como verdaderas, pero esto no significa que esa verdad sea toda la verdad, ni que haya que convertirse en un "apóstol de la confesión".

Hay un juego peligrosísimo en las parejas, sobre todo cuando están en la cama y han tenido una buena relación sexual. Consiste en quedarse allí tendidos y, en medio de apapachos, comenzar a compartir "verdades". Algunos se toman el juego en serio e inician un intercambio que se vuelve desastroso para la vida en común. Y una acción más peligrosa aún: espiar la computadora, los celulares y todo aquello que hoy es parte de nuestra memoria y que, como tal, nos pertenece por completo. Y como parte íntima de nosotros mismos no tenemos que rendir cuenta de ello ante nadie, a no ser que nosotros decidamos hacerlo así.

Las relaciones amorosas suponen la práctica de formaciones de compromiso: un compromiso entre la verdad y la mentira, entre el secreto y el desvelamiento. Nos movemos siempre en un terreno muy ambiguo. Por eso la relación amorosa es tan complicada y a veces fracasa tanto: puedes deslizarte a la transparencia y perder el amor, pero también puedes perderlo cuando te cargas demasiado hacia la mentira. No hay ninguna respuesta sencilla.

En algún momento en la relación de pareja, uno ha de ser capaz de vivir con cierta elegancia y soltura que lleguen a saberse cosas que hubiéramos preferido que fueran secretas y estuvieran al margen de la relación amorosa. Tenemos que sabernos capaces, si el momento lo requiere, de manejar esa situación y poder decirle al otro: "Hay cosas que no sabes, que no sabías y que me pertenecen. Si no quise abrirlas es porque podían hacernos daño... Además, son contradictorias, no puedo y no quiero eliminarlas. Tampoco las puedo explicar. O quito una y me mutilo o quito otra y me mutilo también. Por eso yo hubiera preferido que esto no saliera a la luz, pero salió, aquí lo tenemos. Veamos qué hacer con ello". La negación de estas realidades lleva a promesas imposibles, prohibiciones limitantes y soluciones triviales que llevan al fin del amor.

Un planteamiento de este tipo abre un debate importante y exigente, pero con más posibilidades de producir una buena resolución de los conflictos generados por celos. Muchas personas que aún miran la vida humana desde una perspectiva lógica, lineal, práctica, congruente y concreta se desbordan fácilmente con la complejidad y las contradicciones. En tal caso habría que decir: "Me separo, esto es inaceptable para mí". Pero existen quienes pueden decir: "Sí, acepto que esto es una contradicción, que es un problema, que forma parte de la verdad, pero como lo que yo quiero es seguir contigo, veamos qué hacemos".

CAPÍTULO 30

La culpa y el perdón

Ya que el amor no es el territorio de la justicia ni de la verdad, sino del deseo en las relaciones amorosas, se transitará, mejor antes que después, por la experiencia de la culpa y la necesidad del perdón.

Cuando decimos: "Me siento culpable", en realidad solo estamos nombrando una parte de nuestra realidad psicológica, el displacer. Lo que no percibimos tan fácilmente es una voz interior que indica que transgredimos algún tipo de código. Pero ¿acaso transgredir un código es razón para sentirnos culpables? Nos parece que no, ya que va a haber acciones, realizadas desde una inercia no cuestionada, a las que valdría la pena oponer resistencia, luchando, al mismo tiempo, contra una culpa desproporcionada o absurda.

En relaciones de amor en las que los celos han hecho su aparición, el tema más importante, en lo que se refiere a la culpa y al perdón, es el de la infidelidad. Venimos proponiendo que la fidelidad no tiene que ver tanto con la exclusividad sexual como con la relación amorosa. Es decir, uno es fiel no porque sea monógamo o porque no desee más que al propio cónyuge, sino porque respeta y favorece el crecimiento de su relación amorosa. Es importante hacer esta distinción, ya que las instituciones de diversos tipos —a través de los dispositivos de poder en general, y la teología cristiana en particular— intentan imponer un código normativo que regule nuestras conductas, exigiendo estándares inalcanzables que solo conducen a la culpa.

Quizá lo primero que haya que señalar es que nadie es culpable por el simple hecho de sentir o pensar algo, ni siquiera por tener malas intenciones, aunque se vivan con culpa. La culpa se refiere siempre a las acciones. Esta distinción es importante, ya que hay una serie de pensamientos, sentimientos o intenciones que rebasan la voluntad humana y no pueden ser "controlados". Por eso ha de ubicarse en el territorio de las acciones: se es culpable por lo que se hace y, en ocasiones, por lo que se deja de hacer. Entonces, ¿de qué "habríamos" de sentirnos culpables?, ¿de qué culpas habríamos de liberarnos?

La culpa ha de darse cuando utilizamos al otro para nuestro propio beneficio, usándolo como objeto de uso personal: lo acomodamos a nuestros caprichos o necesidades, pero dejando de lado lo que pueda ser bueno, bello y valioso para él, es decir, obviando sus propios deseos, sus intereses, sus necesidades y sus valores. Señalar la frontera de esta línea en el interior de la vida de pareja puede ser difícil: saber hasta qué punto nuestras acciones redundan en nuestro propio beneficio o en el del cónyuge puede resultar una tarea ardua.

Uno puede sentirse culpable no solo por la acción, sino también por la ocultación. Mencionamos que no siempre ni el desvelamiento de las contradicciones internas ni la verdad a rajatabla sirven en las relaciones amorosas. Si asumimos la complejidad y la contradicción de la vida en general y de la vida amorosa en particular, en uno u otro momento nos topamos con la realidad de que no siempre se puede decir la verdad. Pero si se desvelan realidades que, por las razones que fuesen, hubiésemos preferido mantener ocultas, es probable que la culpa aparezca. De ahí también la necesidad de estar dispuesto en un momento dado a asumirla, como también hay que asumir el daño que genere una ocultación no pactada.

Sea por la razón que sea, en la vida de pareja el tema de la culpa aparecerá tarde o temprano, y no necesariamente vinculado a antiguos complejos, sino a la realidad de la relación amorosa actual. El reconocimiento de la subjetividad del otro hace de la culpa un instrumento de reflexión y reparación, porque la culpa, cuando repara, sirve para producir nuevas conductas de reconocimiento que restablezcan un cierto equilibrio y confianza en la relación. El hecho de distinguir y asumir que nuestros actos han lastimado ya tiene en sí mismo un primer efecto reparador. Más aún, el hecho de ponerse en disposición de que ese acto no pueda volver a darse. Desde esta perspectiva, a diferencia del remordimiento, que solo corroe la conciencia, la culpa es constructiva, ya que supone admitir la existencia del cónyuge: hay otro que existe y al que tengo que considerar. En cualquier caso, se hace necesario un equilibrio para evitar los polos extremos: ya sea una angustia desmedida que tan solo genera embotamiento, parálisis y aumento de la misma culpa o, por el contrario, una disminución y negación tal de la falta cometida que se llegue al punto de la psicopatía, donde el otro queda borrado.

Por las razones que sean, se llega un momento en la vida de pareja en que las diferencias de todo tipo, ya sea por las elecciones tomadas, por los auténticos errores o bien por la ocultación, nos lleven a la necesidad de pedir (o dar) perdón.

El acto de pedir perdón y de perdonar es una necesidad humana, pero se ha abusado tanto de la palabra que convendría hacer algunas precisiones al respecto. Es común escuchar la frase "yo perdono, pero no olvido". Decir esto es falso, perdonar es difícil y exige tiempo y entrenamiento, lo que sí logramos con el paso del tiempo es olvidar... Perdonar no significa negar que algo ocurrió: las cosas pasan, sí, y tienen efectos en las personas. No podemos perdonar en el sentido que se dice normalmente: pretender que no haya pasado nada, asegurar un cambio de conducta radical, prometer imposibles...; lo que sí podemos hacer es gestionar algún tipo de perdón que reconozca el dolor que causamos, que repare en la medida de lo posible y que honre la integridad de la otra persona. También podemos perdonar intentando comprender y acomodar la ambivalencia de las relaciones amorosas y desvelando el reconocimiento de nuestro error, así como el interés por hacer un mejor manejo de nuestra conducta. Por eso las ideas de arrepentimiento total y de perdón absoluto pocas veces funcionan: se dan como una reacción a la crisis y generalmente son, como decimos coloquialmente, "una llamarada de petate".

Para recorrer el camino del perdón hemos primero de entender que perdonar no es un acto concreto, sino un proceso. No perdonamos en un momento dado y para siempre, sino que requiere tiempo. Pero avanzar en esta experiencia requiere atenuar el resentimiento. Podemos compararlo con una mancha de vino impregnada sobre el mantel que, a fuerza de ser pasada por agua, va perdiendo su fuerza y quedando como una leve sombra diluida.

El olvido total difícilmente se logra y el piquete del dolor renace de vez en cuando, pero también se puede elegir, como parte del proceso de perdón, aprender a vivir con él sin que eso interfiera en el curso y el crecimiento de la relación.

No nacemos sabiendo perdonar, se aprende. El perdón no es un acto natural: la ofensa, el dolor de lo padecido, la comprensión de lo ocurrido..., en fin, todo lo que connota perdonar, son pasos que requieren de algún entrenamiento... Tal vez se logre la maestría cuando el peso de las acciones presentes a favor de la pareja deje de lado los recuerdos del pasado y puedan los cónyuges entregarse a la actualidad de su relación amorosa. En el amor se viven contradicciones y se seguirán viviendo, de ahí lo constructivo del perdón, en tanto en cuanto nos permite escapar de la obligación del pasado al tiempo que rechaza la fatalidad irreversible de lo ocurrido.

Si bien en cada caso perdonar se verbalizará de forma distinta, una buena afirmación de perdón podría ser así: "Te perdono, lo que pasó ya no me influye..., pero la consecuencia de aquello me lleva inevitablemente a tener que recuperar la confianza... Por ahora, mantendré ciertas medidas de precaución que te serán evidentes. Aunque también te aseguro que responderé a lo que hagas ahora y no a lo que hiciste entonces. Si noto algún prejuicio respecto a ti te lo haré notar para poder comentarlo...".

Los celos, fundados o imaginarios, generan una serie de acciones que al tiempo producen algún tipo de culpa y, por tanto, requieren de alguna forma de perdón. Sin algo de culpa, seríamos peligrosos psicópatas capaces de arrasar al otro; sin algún tipo de perdón, se anularía la posibilidad de construir cualquier relación amorosa posible... Con celos o sin ellos.

CAPÍTULO 31

Jinetes del Apocalipsis: dependencia, fusión, desencanto y posesión

"Te querré siempre, te querré toda la vida, hasta que la muerte nos separe", se dice sin tener en cuenta lo suficiente que, en ocasiones, la relación que establecen los amantes se realiza en contra de la razón y la lógica. Y los celos son una de las consecuencias.

Los celosos se olvidan de la incertidumbre de lo amoroso. Al hacerlo, no consideran que todo amor que quiera ser real ha de ser condicional, lo que implica que hay dos situaciones en las que deberíamos terminar una relación amorosa (aunque aún se quiera a la persona amada): cuando la relación nos perjudica y cuando es pobre. La causa de la enorme toxicidad de los celos se debe a que pueden ser tanto la causa como la consecuencia de ese deterioro, que se genera a través de una serie de procedimientos psicológicos que recorren la relación como si fueran cuatro auténticos jinetes del Apocalipsis: dependencia, fusión, desencanto y posesión.

- La dependencia, que nos sitúa en un mundo en el que la vida de uno solo puede transcurrir dentro de los límites marcados por otro.
- La fusión, que nos sitúa en un mundo en el que la vida de dos personas es completamente común respecto a sus intereses, deseos y valores.

- El desencanto, que nos sitúa en un mundo en el que la relación genera aburrimiento o asilamiento del que uno ya solo aspira a escapar.
- La posesión, que nos sitúa en un mundo en el que una persona es un objeto para el uso de otra, lo que apenas le permite tener el poder y la autonomía que una persona debe tener. Ya dijimos que se da cuando una persona es objeto dador de confort, dinero, sexo, protección...

Los celos generan esas situaciones, y estas situaciones llevan —además de a una relación trivial e insatisfactoria— a los celos, los que amplifican una evolución tórpida que, con frecuencia, puede acabar en violencia y muerte.

La constancia de que el amor total no es posible lleva a levantar muros de exclusividad entre los amantes, que se generan por la petición de totalidad del amor romántico y convencional. De este modo, se maneja la complejidad de las relaciones recurriendo a la desconfianza celosa: huye de la tentación, no trates con nadie más, los otros son siempre un problema, traen la destrucción del amor y del hogar, aléjate del sexo con otras personas, la exclusividad sexual es la esencia del amor... Sin embargo, en la actualidad, la relativización de la moral, las relaciones igualitarias, la conexión a múltiples realidades posibilitada por internet y, en general, todos los fenómenos de la "sociedad red" en la que vivimos, hacen más difícil que nunca esa totalidad y exclusividad del amor. Eso conduce a más libertad, pero también a más amenazas.

Es el amor el problema, o, más bien, el concepto del amor que tenemos. "Yo mido el amor por lo mucho o poco que necesito a una persona", decía una mujer, confundiendo así amor con apego y caminando hacia el desastre mediado por la posesión, la seguridad y los celos, ante la posibilidad de no obtenerlo. Y es que el amor incondicional, el que llama a un amor sin límites, también conduce, en su aparente belleza, a la sumisión y a la posesión, y lo hace también como si eso fuera expresión de la más elevada forma de amor.

Amor es incertidumbre y es ausencia. Pensemos como Roland Barthes cuando decía que merece más la pena arder que durar. O como Chéjov, que quería "un amor como la luna, que no esté siempre presente en el horizonte".

CAPÍTULO 32

Cuando los celos matan

Los seres humanos viven por amor, pero también pueden destruir por la misma idea. Por celos se pueden llegar a cometer tantas locuras como por amor, solo que de distinta naturaleza. Crímenes, suicidios y crueles venganzas pueden estar motivados por esta tormentosa obsesión. Los llamados crímenes pasionales suelen hacer referencia a homicidios contra la pareja o expareja producidos bajo los efectos de una gran tensión emocional que enturbia la conciencia, y que tienen como causa fundamental los celos patológicos.

Recordemos que Otelo, uno de los personajes más importantes de Shakespeare, ve nacer en sí mismo celos de la bella Desdémona inducido por la acción del malvado Yago —que aporta un pañuelo como elemento de prueba de la supuesta infidelidad de esta—, y, bajo su influjo, llega a matarla, luego de agredirla verbal, física y socialmente.

Los celos pueden construir una pasión endemoniada que transforma la vida de los amantes en un auténtico infierno que destruye la pareja y que puede desembocar en la violencia. En tales casos se ha pasado de la suspicacia al odio y del odio a la agresión y, en ocasiones, ese camino terrible pasa antes por la locura.

Durante mucho tiempo, la violencia, como actitud hacia el otro, estuvo bastante limitada a ciertos fenómenos sociales como, por ejemplo, la guerra o algunos fenómenos individuales derivados de alguna clase de psicopatología. Pero la violencia en el hogar ha aumentado de forma espectacular en las últimas décadas, hasta llegar a convertirlo en un lugar de alto riesgo de ese tipo de conductas, siendo actualmente una de las más importantes causas de muerte e invalidez en mujeres. Y los celos tienen mucho que ver con esas estadísticas: pueden considerarse como un signo que la acompaña o probablemente la acompañará.

¿Cómo definimos la violencia? Podríamos decir que es el uso del poder, en cualquiera de sus formas, sobre otra persona, generándole daño físico, psicológico, social, sexual o económico. Pero hay que hacer una precisión muy importante. No se trata tanto de un exceso como de un déficit de poder. El violento se siente amenazado, débil y vulnerable, y usa para compensar esa carencia los recursos que tiene a su disposición. Y a veces no tiene. O cree no tener más que la fuerza física.

La agresividad es natural: es el modo de vivir en la naturaleza. Sin embargo, la violencia solo es humana y siempre tiene un significado. Y, en términos generales, ese significado siempre remite a un estado de carencia, debilidad, fisura en las propias creencias y desprecio de sí mismo.

El tema de la carencia de poder y de su expresión en el ejercicio de la violencia es central. Generalmente, el celoso, por frustrado que se sienta, no descarga su agresividad más que en quien percibe como indefenso: mujeres, niños, ancianos, y, por tanto, con menor capacidad de respuesta, y en un entorno de relativa impunidad, como es el hogar. Pero eso es propio de cobardes, y no es cobarde antónimo de poderoso, sino de valiente: es cobarde porque no es valiente, por eso usa las formas de poder de los cobardes, que se apoyan en el hecho de que, en una cultura patriarcal y machista como la nuestra, estas conductas son vistas como lógicas e incluso necesarias.

El celoso, como hombre que se siente amenazado y con pocos recursos personales, tiene tendencia a ser violento. Ansía la exclusividad, quiere ser el único en la atención de su mujer, ya que eso le daría la tranquilidad que de otra forma no obtiene. Y decimos "el hombre violento", ya que, si bien hay mujeres que ejercen la violencia, en la mayoría de los casos son varones los que incurren en estas prácticas. No es casual que "criminal" sea gramaticalmente masculino, y "víctima" femenino.

Una persona carcomida por los celos aumenta la probabilidad de que su comportamiento se descontrole y actúe violentamente. Tal es el caso de una pareja en la que, durante veinticuatro años de matrimonio, fueron frecuentes los episodios de maltrato físico cuando el marido estaba celoso, sobre todo si había bebido alcohol. Siempre se arrepentía después de sus actos y trataba de convencer a su esposa de que no iba a volver a repetirlo. Un último episodio violento ocurrió cuando, tomándose unos tragos en un bar, un amigo le comentó que había visto a su mujer por la mañana corriendo hacia su casa. Al oír esto, comenzó a preguntarse dónde habría estado para tener que ir con prisa... Ahí empezaron los pensamientos obsesivos. Se dirigió a su hogar y, al encontrarla recién salida del baño y con rulos en la cabeza, empezó a recriminarle su comportamiento y a decirle que su deseo de arreglarse sería para agradar a otro hombre o para quitarse su olor... Ella, temiendo lo peor, intentó convencerlo de que todo eran suposiciones suyas, pero él, que no le creía, la sujetó por el brazo y le gritó que no le diera la espalda mientras le hablaba. La tiró al suelo y le dio una patada... Y...

Hay varios tipos de comportamientos violentos que el celoso ejerce sobre su víctima. Desglosemos algunos:

- La amenaza: asustarla con hacerle daño o quitarle a los hijos, amenazarla con dejarla, con desampararla, con suicidarse.
- El aislamiento: controlar lo que hace, a quién puede ver, con quién puede hablar, a dónde va.
- Manipulación de los hijos: hacerla sentir culpable por el comportamiento de los hijos, usarlos para pelear, maltratarlos o abusar ellos.
- Abuso económico: impedirle trabajar, quitarle el dinero y obligarla a pedirle dinero a él, no dar cuentas del gasto, amenazar con retirarle el sostén financiero. No informarla acerca de los ingresos familiares o no permitirle disponer de ellos. Acusarla de no contribuir financieramente a la relación.
- Privilegio masculino: tratarla como a una empleada doméstica, no dejarle tomar decisiones importantes, actuar como el rey de la casa, no participar en labores del hogar.
- Intimidación: provocarle miedo a través de miradas, acciones o gestos, destrozar objetos, maltratar a los animales, conducir con velocidad extrema, chantajearla, mostrarle armas, decirle que le quitará todo.
- Abuso sexual: acusarla de infidelidad, tacharla de "puta", obligarla a prácticas sexuales contra su voluntad.
- Abuso emocional: manipularle la estima a través del menosprecio de sus ideas y emociones, hacerla sentir inferior, mal o culpable, burlarse, insultarla, hacerle pensar que es

tonta o loca, responsabilizarla del maltrato afirmando que ella lo provocó.

Todas estas categorías nos muestran las prácticas de la violencia en diversas versiones. No es necesario que sucedan todas o la mayoría para hablar de una relación violenta. Ni siquiera es necesario que haya violencia física para hablar de maltrato.

¿Qué mezcla de factores generan este tipo de respuestas? Además de las explicaciones causales que mencionamos, existen factores de personalidad (como un déficit de habilidades de comunicación y de solución de problemas) y factores precipitantes (como situaciones de estrés o consumo abusivo de alcohol) que, sumados a la percepción de vulnerabilidad de la víctima, favorecen la violencia. Las conductas violentas tienden a entremezclarse con momentos de arrepentimiento por los celos, paz y amor, lo que a veces dificulta tomar conciencia del problema.

A esta realidad se añade, de nuevo, el concepto de amor con el que vivimos: el "verdadero amor" ha de ser posesivo, total y excluyente. La mujer es vista como una plaza militar que hay que defender del acoso de los otros o de su propia independencia. Cualquier movimiento que esta haga por una mayor autonomía es vivido como destructor: "Antes te mato...".

CAPÍTULO 33

Tipos de celos

Los celos pueden clasificarse desde diversos puntos de vista, que están en función de las teorías e ideas desde las que se aborden. Empecemos por el que quizá sea más general, y por tanto inexacto, pero que apunta a una realidad que, bien sea cultural o biológica, es interesante. Los celos de los hombres tienen más que ver con la posesión, la competencia, lo genital, la comparación, es decir, están relacionados con lo corporal, lo físico. Los de la mujer están más relacionados con lo sentimental y lo relacional, es decir, con el corazón, aunque merece la pena insistir en que, aunque esa sea una tendencia general, tanto unos como otras pueden vivirlos de ambas maneras. Pero esa explicación solo establece una comparación; nada nos dice de los diversos tipos de celos que puede experimentar una persona.

Es necesario precisar, antes de avanzar, que al principio de la relación amorosa no hay apenas reacciones celosas y, cuando las hay, se perciben con cierto grado de halago. En el enamoramiento no hay celos, porque la fusión de identidad, la conversión del otro en un clon perfeccionado de uno mismo hace que estos no tengan cabida.

Por otro lado, existe un tipo de celos que podemos considerar con un cierto valor adaptativo, es decir, no son sinónimo de problemas, sino que, al igual que otras emociones, son inherentes al ser humano, por lo que no se pueden evitar del todo, ya sea que aparezcan ocasionalmente o con cierta frecuencia. En plena lógica evolutiva cabe pensar que si los celos existen es porque tienen alguna utilidad. Es un planteamiento interesante, porque evita demonizar esa experiencia al tiempo que nos permite obtener alguna idea para poder utilizarlos a favor de la relación amorosa cuando se interponen en ella. Si así fuera, ¿cuáles serían?

Una de las utilidades más claras es la de permitir una evaluación de la relación amorosa. En el mejor de los casos, las parejas se casan compartiendo las mismas premisas, pero, indudablemente, las personas cambian, y sus intereses, deseos y valores acerca de la relación también: "¿Me quieres?, ¿te quiero?" son evaluaciones que pueden realizarse gracias al impulso de los celos. Asimismo, pueden inducir a un mayor compromiso y hacer que, de alguna manera, se cuide más la relación, aunque solo sea por miedo al abandono: "Si me alejo, si no invierto en la relación, puede abandonarme". De esta manera, el amor y la conservación del vínculo no se da por descontado por el hecho de estar casados. Y, por último, los celos pueden hacer al sexo más deseable ya que, no olvidemos, solo se desea lo que no se tiene o puede perderse, no aquello que está seguro en nuestras manos.

Hablar de celos normales frente a patológicos es siempre difícil, porque la unión de lo personal y lo psicológico con la idea biológica de enfermedad nunca es muy apropiada. La mente no enferma, porque no tiene existencia física como tiene el cerebro o el pulmón. Pero sí podemos decir que, cuando de una situación de deseo se pasa a la desconfianza, ya hay peligro, y si llega a instalarse la sospecha, ya estamos en un terreno celoso, no amoroso. Y eso ya es un problema, al margen de calificar o no esos celos de patológicos. Entonces, ¿dónde está el límite entre lo normal y lo patológico? Si bien la discriminación no es nítida, hay algunas regularidades que nos ayudan a discernir. Empiezan a ser problemáticos cuando tiranizan el campo de la conciencia o denotan una pérdida de realidad que interfiere negativamente en la relación de pareja y, en último término, en el bienestar personal. Y podemos afirmar que claramente unos celos son anormales, alterados o patológicos cuando distorsionan o impiden las relaciones sociales, amorosas, eróticas o laborales de una persona, al tiempo que trasforman la visión que tiene de sí misma.

Cuando se dan conductas tales como espiar, vigilar, fisgonear, hacer escenas, escribir cartas malignas, tirar piedras, tratar de extraer confesiones, negar al cónyuge el derecho de moverse libremente o cualquier otro tipo de violencia; cuando se alternan estados de celos agudos e incontrolados con periodos de lucidez e incluso remordimientos y depresión, estamos ante celos anormales. Un tormento de vida para quienes los sienten y para quienes viven con ellos. Estos celos patológicos o anormales manifiestan una intensidad desproporcionada de forma crónica. Eso hace que se traspase la frontera que permite manejarlos y resolverlos, porque controlan a la persona y su vida entera.

Las personas anormalmente celosas suelen acabar por destruir toda simpatía, tanto cuando piden perdón como cuando vigilan y acusan. Cuando el carácter de una persona cambia súbitamente es más fácil para las familias simpatizar con ella, porque se ve que sufre una alteración, pero es casi imposible ser solícito y cuidadoso con quien se muestra siempre celoso y se degrada a la condición de tirano, aun cuando su índole suspicaz, así como sus reacciones patológicas, se deban a un tipo de personalidad permanente producto de un sinfín de factores...

A veces los celos patológicos estallan repentinamente, como una tormenta inesperada y violenta. Otras, se desarrollan como una progresiva escalada de suspicacias y tiranía sobre aquellos a quienes el celoso dice amar. Pero en ambos casos es capaz de destruir desde los objetos de la persona "amada": ropa, fotos, documentos personales, teléfono, muebles, etcétera, hasta al propio ser amado. No hay que olvidar que sentirse abrasado, ciego o carcomido por los celos —el lenguaje es muy explícito a este respecto— es lo que los caracteriza.

CAPÍTULO 34

Celos anormales

Desde una perspectiva psicopatológica, es decir, cuando se trata de un trastorno, los celos anormales pueden presentarse de tres maneras diferentes: como arrebato u obcecación en forma de ataques de celos más o menos continuos (celos pasionales), como una obsesión (celos obsesivos) y en forma de una psicosis que puede llegar al delirio (delirios psicóticos).

- *Celos pasionales*

Los celos pasionales tienen que ver con una alteración de la lógica del desear. El desarrollo es conocido: se desea tener, pero no se tiene con seguridad; a partir de ahí se teme la pérdida, se siente la humillación y aparecen los celos. Surgen, por tanto, del miedo de perder a la persona amada y de la envidia al tercero, y, sobre todo, de que esta pueda ser disfrutada por ese otro, aunque quien los padece no suele tener una certeza absoluta acerca de estar siendo engañado o abandonado. La obsesión por la exclusividad se sobrevalora y se vive de forma absoluta, de manera que ocupa el campo de la conciencia, la impregna afectivamente y produce una merma en el rendimiento del resto de las funciones del pensamiento. En ocasiones, la ansiedad experimentada, en la medida en que afecta profundamente a la autoestima del sujeto, puede cargarse de agresividad y de violencia. En este tipo de celos no hay un trastorno psicopatológico preciso, no hay trastornos formales del pensamiento tales como ideas delirantes, sino un estado emocional más o menos continuo —obsesión u obcecación— que puede afectar a la lucidez del sujeto. Con frecuencia puede haber periodos de lucidez en los que el celoso adquiere un sentido crítico respecto al carácter irracional de sus celos y sus conductas.

Los celos pasionales no suelen ser objeto de tratamiento, pero, aunque no sean una enfermedad, algunas veces, debido a su fuerte impregnación afectiva, se sitúan en el centro de la voluntad de la persona y guían sus conductas de forma impulsiva. Y, desde luego, no son exclusivos, como podría pensarse, de la juventud, sino que, en realidad, tienden a aparecer no pocas veces en edades más avanzadas. Este sería el caso de un hombre jubilado, catorce años mayor que su mujer, con quien ha vivido una larga relación amorosa bastante satisfactoria. Debido a los cambios que el retiro laboral le impone, se siente inseguro. Después de dos episodios de impotencia sexual y de la insistencia de su mujer en que se distraiga, que frecuente amigos y tome algunas vacaciones, empieza a pensar que ella, decepcionada por la diferencia de edad y los "fracasos" sexuales, puede buscar compensar estas "carencias" con otras relaciones. Así se embarca en discusiones frecuentes, en las que llora, insulta e incluso amenaza. No se aviene a ningún tipo de razones, pero luego, arrepentido, pide perdón. Los celos han invadido su relación, y la pareja, inserta en esta dinámica, no tarda en empeorar notablemente.

- *Celos obsesivos:*

Las obsesiones celosas son como todas las obsesiones: pensamientos, imágenes o impulsos mentales que irrumpen repetidamente en la actividad mental de la persona de forma involuntaria que, al ser percibidos como amenazantes y carentes de sentido, provocan una ansiedad y malestar muy grandes. El contenido de las obsesiones está fuera del control de la persona que las experimenta, aun siendo esta capaz de reconocer que dichas obsesiones son producto de la mente.

En el tema que nos ocupa, el contenido de las obsesiones se relaciona, obviamente, con los celos. La persona es incapaz de rechazar los pensamientos relacionados con la infidelidad de su pareja, a pesar de que no cuente con ninguna prueba en este sentido e, incluso, tenga el convencimiento de que esos pensamientos no son reales. Por mucho que se esfuerce y trate de evitarlos, vuelven una y otra vez a la mente, generando un gran nivel de malestar. La rumiación característica del obsesivo se apodera de él. La traición, que se constituye como una idea única, puede referirse a la situación actual (la aparición de un supuesto rival que le vaya a arrebatar a su pareja); a la vida pasada, en forma de celos retrospectivos (la presencia en la mente del celoso de antiguas relaciones del otro), o, incluso, puede ser proyectada en el futuro ("Me dejará"). Es decir, la obsesión invade toda la temporalidad de su vida y no deja resquicio alguno en el que vivir en paz, siendo las conductas compulsivas y minuciosas de comprobación (revisar la ropa de la pareja, el modo en que esté hecha la cama, los teléfonos, los horarios...), para poder sorprender a su cónyuge y confirmar una verdad que nunca se sabe bien si es temida o deseada, prácticamente constantes.

• *Celos delirantes:*

Y esa duda acerca del temor y el deseo se hace decisiva en los celos psicóticos, que ya son claramente patológicos. Los celos delirantes suponen, como toda psicosis, alteraciones formales del pensamiento y la afectividad. Constituyen un estado mental de convencimiento erróneo a partir de una forma particular de interpretar la realidad externa, convencimiento que se sostiene con firmeza en contra de toda evidencia y toda argumentación que se le oponga. El contenido de estos celos psicóticos es o bien paranoico o depresivo, es decir, o se da la suspicacia o se da el autorreproche más allá de toda realidad y más allá de toda argumentación, siendo notable la coincidencia de ambos contenidos con las dos grandes épocas de la evolución de la mente infantil que describió la psicoanalista Melanie Klein: fase paranoica y fase depresiva.

Tal es el caso de un hombre que prohibió a su esposa ir al baño dentro de la propia casa, porque creía que sus enamorados la espiaban desde allí. Otro creía que el cuerpo de su esposa estaba caliente porque el amante la excitaba desde debajo de la cama. En el delirio de celos, el sujeto experimenta un convencimiento absoluto de que la pareja le es infiel. En realidad, sería más acertado decir que no hay un delirio primario de celos, sino un delirio de infidelidad, de donde surgen los celos como experiencia emocional perturbadora. Esta creencia aparece con o sin motivo, pero en todo caso se basa en inferencias erróneas que se apoyan en pequeñas "pruebas" —a veces completamente absurdas a los ojos del observador—, como ropas desarregladas o manchas en las sábanas, que son guardadas y utilizadas para justificar la idea delirante. El deliro puede llegar a tal extremo que la vida completa de la pareja quede invadida, ya que mientras el delirante vuelca toda la energía en demostrar que sus sospechas no son infundadas, los días de su cónyuge trascurren en un continuo sobresalto. La evolución de este deliro, que casi siempre carece de un fundamento cierto, es muy tenaz, al margen de que esa evolución pueda atravesar fases distintas: aparente desaparición, resurgimiento, momentos críticos con el riesgo en este último caso de crisis depresivas, tendencias suicidas y conductas agresivas...

A diferencia de las personas con ideas obsesivas, los que deliran nunca llegan a admitir que sus pensamientos puedan no ser ciertos. Y, a diferencia también de las obsesiones de los celotípicos —que amplían la duda del tiempo presente al futuro y al pasado—, en el delirante todo es presente, todo está ocurriendo en ese momento. El tiempo se colapsa en una rigurosa actualidad amenazante o humillante de la que no puede escapar.

Cuando no se llega al delirio, los celos paranoides aparecen como una narración bien sistematizada en la que las ideas se integran entre sí de una manera aparentemente coherente. De este modo el sujeto intenta, y a veces consigue, convencer a otras personas de la veracidad de sus afirmaciones. Por otra parte, y a diferencia de la esquizofrenia (en donde las ideas no están sistematizadas), el funcionamiento mental permanece relativamente intacto en los temas que están fuera del área de los celos.

Incluso alguien delirante puede ser intelectualmente competente, y sus acusaciones de infidelidad pueden no ser inverosímiles por sí mismas. Si una persona afirma que los cantantes de una ópera están cantando en el teatro personalmente para ella, es fácil identificar la aberración, pero en el caso de una acusación celosa no se puede ni siquiera contar con testimonios fidedignos. Hay especialistas que, sencillamente, se niegan a clasificar a una persona como delirante si su pareja es realmente infiel.

CAPÍTULO 35

Otros tipos

Podemos mencionar otros tipos de celos que tal vez comparten con los ya definidos muchas características, pero que por razones prácticas merece la pena destacar.

- *Celos reactivos*

Son de esos celos situacionales que ya mencionamos en un capítulo anterior. Se refieren a esas situaciones en las que se desarrolla desde una rabieta a una crisis de ansiedad o un estado depresivo ante la sensación de amenaza que produce un episodio, no necesariamente real, de pérdida de afecto. Pueden surgir en cualquier momento de una relación amorosa: durante la fase pasional, en la etapa de estabilidad, durante periodos de infidelidad e incluso en la fase de ruptura final o después de ella. Son engorrosos, pueden generar sufrimiento intenso, pero habitualmente duran solo un tiempo y su impacto no es muy grande.

- *Celos proyectivos*

Fueron definidos por Freud, que los propuso como modelo general para comprender todas las conductas celosas. El celoso, pongamos un hombre como ejemplo, acusa a su mujer de desear a otro. Y ese otro le interesa, más aún, le obsesiona, de modo que se dedica a observarlo, a preguntar por él, a pensar en él. Freud interpreta que ese interés por el otro que el celoso pone en su mujer es, en realidad, una proyección de su propio interés, un deseo homosexual que, por inaceptable, dirige a ella.

Este agudo e ingenioso análisis es cierto en algunos casos, aunque no constituya el modelo general para comprender los celos. No pensamos que todo celoso sea un homosexual reprimido, pero sí se observan con cierta frecuencia conductas celosas cuya explicación más convincente es esta observación freudiana.

- *Celos retrospectivos*

Por extraño que parezca, los celos no siempre se refieren al momento actual de la relación de pareja, sino que, con frecuencia, pueden ser retrospectivos. Los celos, en este caso, aluden a la comparación con una anterior pareja del amante, comparación que se vive en el terreno de la duda ("¿Era mejor que yo...?") o en el de la certeza ("Estás pensando en él"). La forma de estos celos es la de la obsesión, aunque también pueden caer dentro de lo psicótico.

Cada vez que el sujeto evoca una relación anterior de su pareja actual, es invadido por la angustia. Quizá inicialmente ese proceso sea desencadenado por algún tipo de acontecimiento que lo lleva a situaciones del pasado, pero al poco tiempo es el celoso quien "las evoca" de forma consciente y voluntaria. El resultado es que, a pesar de la realidad que se esté dando entre los amantes actuales, él se siente en una situación de "exclusión". El sujeto cree que de nuevo está siendo excluido, siendo que ese "de nuevo" conecta tanto con el pasado reciente como con el pasado remoto, es decir, con su infancia, cuando también sintió esa exclusión. Sin duda estas situaciones tienen que ver con una tortuosa relación con los padres en la temprana infancia (lo que Freud denominaba complejo de Edipo). La causa última de su sufrimiento no es ni la privación actual ni la posibilidad de un futuro abandono surgido de la amenaza de un tercero, sino episodios pasados que ya no pueden afectar ni a la cantidad ni a la duración del acceso a su pareja. Irracionalmente, quiere reescribir la historia convirtiéndose a sí mismo en el único objeto de verdadera pasión de todos los tiempos.

- *Celos rencorosos*

Aun cuando una persona pueda no tener ya ningún interés por su pareja puede, sin embargo, no solo no tolerar la presencia de otros en su vida, sino impedir la mínima muestra de independencia. En estos casos se da un tipo de celos diferentes de los que ya vimos, que podríamos denominar rencorosos, ya que predomina ese elemento de hostilidad contra el que alguna vez fue un objeto amado. Lo lógico sería en ese caso optar por la separación, pero no, el celoso rencoroso quiere hacer "pagar" al otro lo que considera una deuda pendiente. La película de J. Ruben, *Durmiendo con su enemigo*, retrata un matrimonio, Laura y Martin, en el que el marido se comporta de esa manera. Fueron un matrimonio durante cuatro años, dando siempre la impresión de ser la pareja perfecta y feliz. Pero la realidad era bien distinta: Martin resultó ser un marido obsesivo y brutal que la maltrataba continuamente. Para huir de él, Laura decide simular su muerte, desaparecer y adoptar otra identidad, pero cuando él se da cuenta del engaño, decide asesinarla.

- *Celos fundados*

Los celos, ya dijimos, se desencadenan con o sin una causa real que los justifique. Hay quien afirma que, si son causados por el hecho de que quien los siente va a ser abandonado realmente por su cónyuge, el sentimiento que en él se produce es un tipo de dolor que no se ajustaría a la emoción típica del celoso. En esos casos se podría desarrollar tristeza, pena, irritación, decepción… Sin embargo, es muy frecuente que lo que aparezcan sean celos.

CAPÍTULO 36

De la insignificancia a la autoestima

En medio del revuelo emocional que atraviesa al celoso, al final, la experiencia subjetiva que tiene de sí mismo es de una insignificancia total. La sensación de pequeñez, de insuficiencia, de inutilidad, de poca importancia... le hace moverse en una subjetiva posición de impotencia, de falta de asertividad personal, que lo lleva a vigilar, controlar, poseer... ¿Cuál es el proceso por el que llega a lo que comúnmente se llama una autoestima derrumbada?

Tratemos de recorrer el camino paso a paso.

- Pensamos con frecuencia que, si amamos a alguien, este nos ha de corresponder. Esto le da al complejo mundo en que vivimos cierta *coherencia*.
- Tendemos a decirnos que si alguien nos quiere es porque hay cosas valiosas en nosotros y, por tanto, tenemos valor, "somos alguien". Esto nos confiere una *identidad*.
- Y, para acabar de aderezar esta secuencia, nos decimos: "Si amo y si me aman, es decir, si nos amamos... y además nos sale bien, nuestro amor permanecerá así, no hay razones para que cambie", sucumbiendo a la idea de que se va a mantener así siempre. Este modo de pensar nos da una sensación de certeza, de *certidumbre*.

Nuestra forma de pensar aprecia esta trilogía que, además, es estimulada por el contexto que nos rodea. Por doquier se escucha: "Tienes que ser coherente", "desarrolla tu identidad", "aférrate a alguna certidumbre". Pero ocurre que la realidad en general y la naturaleza humana en particular son mucho más complejas. Creer que existe la coherencia, la identidad y la certidumbre, como entidades objetivas y claras que se obtienen a través del amor, es un disparate.

Todos sabemos, por ingenuos que seamos, que puede —y suele— suceder que el amor se desgaste, tienda a diluirse con el paso del tiempo, se desvanezca... Y cuando eso ocurre entramos en una terrible crisis, ya que la disminución del amor altera nuestra sensación de coherencia, de identidad y de certidumbre. A este proceso se suman, para exacerbarlo, otros factores, entre ellos la pérdida de los valores masculinos que ya mencionamos, lo cual aumenta la sensación de inutilidad e inadecuación de los hombres. Y aún podemos agregar también otras dificultades de orden social, como la pérdida de empleo o los actuales movimientos migratorios, entre otras.

Estos fenómenos concatenados pueden terminar en una sensación de celos que disminuya la estima personal, y la falta de estima desencadena celos. Merece la pena ampliar algo que mencionamos: el "sí mismo" y, por tanto, la valoración que de nosotros hacemos, está conformado por cuatro características estructurales: la corporalidad, las actitudes, lo erótico y lo intelectual. Estas dimensiones describen las maneras en que nos asomamos al mundo y tratamos con el exterior, es decir, cómo nos relacionamos con los demás, nuestra posición con los que consideramos que son objetos de nuestro mundo. En la corporalidad, incluimos la belleza, la fortaleza, la distinción...; en las actitudes, nuestra manera de enfrentarnos a ellos con ignorancia, con simpatía, con agresividad, con bondad... La tercera característica la constituye lo erótico, lo masculino y lo femenino, el atractivo, la sensualidad... y, por último, lo intelectual, es decir, nuestra capacidad verbal, la información que tenemos, lo que la cultura nos da.

Estas cuatro dimensiones, si bien se distinguen entre sí, se mezclan en diversas proporciones, dependiendo de dónde la persona esté centrada según sus circunstancias y necesidades. Pero ¿qué le pasa al celoso? Al haber perdido identidad, coherencia y certidumbre en su vivir, experimenta un derrumbamiento del "sí mismo", y estas dimensiones se alteran. Deja de confiar en esos cuatro pilares de su autoestima, se vive incapacitado y, en mayor o menor grado, o no los puede manejar o se maneja de forma ineficaz en cada uno de ellos.

A nivel corporal se experimenta feo, débil, incontrolable, torpe. Sus actitudes se alteran, por tanto, su relación con los demás, de manera particular con la pareja, está fuera de lugar: es demandante, crítica, inquisitiva... En el terreno erótico se siente mutilado, no sabe acercarse, ni seducir, duda de su capacidad erótica y le aterra la de su pareja... Además, se alteran sus procesos cognitivos, su capacidad de razonar, interpretar y expresarse, porque su dimensión intelectual también queda afectada.

Hay que desterrar la idea de que la autoestima se modifica a base de ideas, porque para cambiar se necesita actuar de otra manera. En el caso del celoso, muchas veces se requiere primero dejar de actuar, es decir, suspender las respuestas desubicadas, torpes y agresivas. Solo así el celoso puede trabajar en la reconstrucción de su autoestima a través de tres puertas de entrada: diseñando experiencias, creando narraciones y ejecutando acciones.

A través del diseño de experiencias de vida, el celoso puede tener vivencias que lo muevan de la zona en que está incómodamente asentado, lo perturben y lo enriquezcan. La construcción de narraciones sobre sí le dará perspectivas e historias diferentes a las que ha vivido. Finalmente, con la ejecución de nuevas acciones que lo lleven a hacer cosas distintas, podrá ir reestructurando una visión de sí menos celosa, en un camino que lleva de la insignificancia a la autoestima.

CAPÍTULO 37

Contra los celos..., seducción

La seducción es un arte muy variado..., y justamente en el manejo de esta heterogeneidad es donde reside el estilo, la elegancia y la singularidad que puede tener. No existen dos seductores iguales, pero sí podemos hablar de "estilos" diferentes en función de la personalidad del sujeto seductor, o, más exactamente, de las personalidades implicadas en ese juego, en el que cada uno se ofrece a sí mismo, en un intercambio, como objeto de vinculación personal y erótica que conlleva la capacidad de disfrutarse y de ofrecerse al otro para ser disfrutado. Esos diferentes matices se configuran según donde se centre más la expresión de la seducción: en lo erótico (lo masculino y lo femenino, lo atractivo, lo sensual), lo corporal (la fortaleza, la distinción, la belleza), lo actitudinal (simpatía, decencia, agresividad, bondad) o lo intelectual (capacidad verbal, información, cultura). Esta seducción relacional supone también poder disfrutar con la pareja sin pretender que esta cambie.

Hay en la seducción un cierto simulacro y un cinismo inocentes, ya que ambos, seductor y seducido, insertos en esta danza, son conocedores del tipo de interacción que se está produciendo entre ellos. Aunque es algo natural, también puede ser aprendido. Podemos definir algunas estrategias concretas que se pueden utilizar. Veamos, a modo de ejemplo, algunas de ellas:

1. En la seducción no se intenta modificar al otro, menos aún controlarlo; por el contrario, se le muestra que en ese momento es un ser único y como tal se le trata, lejos de verlo como un mero objeto ante el cual uno se exhibe y se "pavonea".
2. Es interactiva, es decir, ha de darse un intercambio. El otro ha de ser invitado a participar en esa acción... Por tanto, al seducir se lo integra en una conversación, en una acción... No es dar clase ni sentar cátedra.
3. Poner límites al otro también genera atracción. Al seducir uno no se derrite por el otro. Más bien al contrario, ha de sostener una cierta oposición, ha de plantearse una cierta distancia "crítica". Los límites invitan a explorar, a ir más allá. Si uno es totalmente permisivo, amable o tolerante, deja de ser deseable.
4. Como conducta, ha de generar intimidad. Para ser creíble y despertar interés hay que mostrar algo de uno mismo. Un cierto intercambio de debilidades —sin excesos— lo hace estimulante, significativo; de lo contrario, estaríamos en una cena de negocios.
5. La actitud de víctima mata la seducción. Las víctimas producen lástima e incluso enojo, pero no seducen. Si uno quiere seducir ha de mostrarse responsable y activo frente a su vida y circunstancias.
6. Lo aburrido jamás resulta seductor. Si bien este arte está en el territorio del juego, ese juego no puede ser irrelevante. Lo que se comunica al otro ha de tener alguna importancia, alguna relevancia.
7. Es una acción que se vive en la alegría. Crea y transmite placer, gozo y diversión. Una relación divertida hace a uno estar pendiente, concentrado en ella.

8. El seductor ha de ser capaz de generar estados emotivos de relativa intensidad, emociones suficientemente fuertes, que den relevancia a la interacción y resulten conmovedoras.
9. Toda relación de seducción tiene que suponer un riesgo, una incertidumbre para ambas personas. Nada hay menos atractivo que un triunfo seguro, un vínculo obtenido de antemano, sin ninguna duda. Cierta incertidumbre, cierta inestabilidad hacen de la seducción un juego estimulante.
10. La apariencia física es fundamental. No se trata de ser una persona guapa o fea según los criterios convencionales, no hace falta ser un actor de Hollywood; nos referimos a cómo uno se sitúa en el mundo: cuando la persona se vive de forma gozosa y creativa, cuando cuida su aspecto y trata de gustar..., lo conseguirá.
11. Tiene un matiz transgresor. Al seducir se ha de poder invitar al otro a vivir una cierta trasgresión y rebeldía, algo, si se quiere, un tanto "vergonzoso". La corrección política es eso, correcta, pero no seductora.
12. Requiere de cierta proximidad física. El seductor roza, toca... levemente, de forma no sexual. Un suave roce con la mano, con el pelo, permite mostrar que no se teme al contacto físico, sino que, por el contrario, se está abierto a él.

Seducir no es manipular, no es engañar para conseguir tener relaciones sexuales o algún otro objetivo. Es creer en la importancia de la palabra, del atractivo personal, del deseo y del placer, y lograr así que el otro se fije en uno, que se vincule. Es desear introducirse en su vida para pertenecer tanto a su memoria como a sus deseos. Pero seducir no es excitar: para eso, suele hacer falta poco, especialmente en el caso de los hombres: bastan unas piernas, entrever un escote... A las mujeres, históricamente menos entrenadas, puede hacerles falta algún estímulo más completo, pero no hay otras diferencias.

Pensemos en el drama de la princesa griega Psique, que describe claramente la necesidad del artificio de la seducción. Ella solo puede obtener el amor de Cupido a condición de no verlo. Toda seducción, todo amor, tiene un alto contenido fantástico, exige una cierta ceguera. Y cuando quiere ser objetivo fracasa, y la ansiedad y amenaza que se producen derivan en celos.

De entre los diversos procedimientos que existen entre los seres humanos para conservar la pareja, sin duda la seducción es el más eficaz. Solo esta es específicamente humana. Otro procedimiento es la fascinación, pero es sinónimo de parálisis, de dependencia; otro, la agresión, que no necesita sinónimos... El procedimiento utilizado por los celosos, con sus conductas de control, hipervigilancia, sobreprotección, reclamos y chantajes..., no solo no es eficaz a ese respecto, sino que provoca justamente lo contrario: el hostigamiento, el enojo y la distancia, de modo que no son seductores, porque pocas cosas matan tanto el deseo, el erotismo y el amor como su conducta inquisitiva y suspicaz, que empieza —y acaba— por crear una obligación en lugar de una atracción. Quizá toda estrategia amorosa se pueda reducir a esto: seducción; y es algo que el celoso ha de aprender, porque siempre anda lejos de ella; sin embargo, puede llegar a ser sexualmente compulsivo, pero quiere solo excitar y probar su competencia sexual en relación con el supuesto "rival". Por ello, suele ser burdo, quizás obsceno y, sin duda, ineficaz.

El proceso de creación de autoestima en un celoso tiene que acabar con la obtención de una capacidad: la de seducir. Se trataría de cambiar los recursos que invierte en vigilar —tiempo, creatividad y, en ocasiones, dinero— por otros de una naturaleza más adecuada, cuyo objetivo no sería intentar la conquista del otro, sino jugar el juego de la seducción, a través del que buscaría gustar al cónyuge para que volviese a fijarse en él y a sentirse de nuevo atraído. No hay que olvidar que una pareja que ha sido víctima de los celos requiere de una auténtica reconstrucción, y el objetivo de la seducción es justamente ofrecer material y fuerza para reparar y reinventar la relación deteriorada. La seducción, y ese es su valor en los problemas de celos, sirve para generar deseo, para vincular, para estar presente y pertenecer a la vida del otro desde una posición de libertad y placer. Sabemos que muchas veces las características de la personalidad celosa, con su moralismo, suspicacia, rigidez, perfeccionismo y tendencia a la ansiedad, entre otras, pueden ser un obstáculo, pero si bien la seducción es un arte que no siempre es fácil de practicar, realizar ese aprendizaje es una forma de acercarnos a una vida más plena, para lo cual el celoso requiere de un particular esfuerzo y de la voluntad de correr riesgos. El deseo no depende de pócimas, se puede crear. Y la imposibilidad de seducir o de ser seducido es una de las experiencias que más invalidan a un ser humano. Tal vez en eso consista la desesperación del celoso.

Fromm propone formas de amar y seducir que van bien a los hombres y mujeres de hoy: confiar en uno mismo, ser elegante y amistoso, compartir buenos momentos, cultivar el espíritu, hacer regalos, mostrar entusiasmo, leer poemas... Idealista y algo cursi, pero pueden ser buenos ejercicios para hacer de lado los celos y vivir en el mundo de la seducción.

CAPÍTULO 38

Consejos prematrimoniales

No hay, ni puede haber, si nos atenemos a lo dicho hasta ahora, ningún programa educativo, ningún proyecto social o reforma que elimine los celos. Pertenecen al corazón de lo humano, ya que dependen de nuestra capacidad de desear. De ahí que todos los experimentos sociales que se hicieron en el siglo pasado, en las décadas de los sesenta y setenta, para construir unas relaciones amorosas y sexuales sin celos, fracasaran.

¿Nada se puede hacer, entonces, por disminuir este terrible problema que contamina el amor? Directamente, no; pero sí podemos incidir en aquello que más los genera: nuestras formas de amar, que se concretan y viven en la institución social que llamamos matrimonio.

En un tiempo se pensó que, debido a las muchas disfunciones del matrimonio, se podía acabar con él. Pero los sociólogos y antropólogos mostraron cómo este es una expresión social de la necesidad del intercambio de personas, algo fundamental para las sociedades humanas, por lo que puede variar en forma y contenido a lo largo de los tiempos, pero siempre existe. Así que más que destruirlo es mejor concebir nuevas formas de relación amorosa y nuevas formas (mejoradas) de ingresar en esa institución. Aceptemos pues, aunque sea de forma provisional, que el matrimonio es la forma en la que se vive el amor.

De esa tarea se ocupan los cursos o instrucciones prematrimoniales. Desgraciadamente, la mayoría de ellos no son más que meras formas de adoctrinamiento religioso o de sumisión social, que no se interesan tanto en el bienestar de las personas como en garantizar la reproducción y el orden, tratando de garantizar así el buen funcionamiento de la institución. El resultado es que la infelicidad, los celos y aun la violencia están creciendo en los últimos tiempos, lo que se deriva, seguramente, de la progresiva inadecuación de lo matrimonial a lo amoroso, que ya se puede observar con claridad iniciado el siglo XXI.

Pensamos que se pueden dar algunas indicaciones —que, si bien están formuladas bajo una apariencia de superficialidad, tienen un contenido profundo—, destinadas a elegir una relación amorosa que, al ser realista e igualitaria, no produzca demasiados celos.

Planteamos estas indicaciones al estilo de los consejos u observaciones previas a la celebración del matrimonio. Y las planteamos pensando en las mujeres, que suelen ser las más perjudicadas.

1. Cásate con alguien que pueda resultar un buen "exesposo". Como es probable que llegue a serlo, mejor tenerlo en cuenta de entrada.
2. Cásate con alguien que no esté excesivamente apegado a su madre. Acabarás siendo su segunda madre y, además, te verás obligada a rivalizar con la primera.
3. Cásate con alguien de quien te guste su olor. El olfato forma parte de nuestro sistema nervioso más primitivo y genera el más inconsciente y poderoso "test de compatibilidad". Si no te gusta su olor, no te gustará esa persona.

4. Cásate con alguien que no confunda la sinceridad con la verdad. Los amantes de la sinceridad protegen la relación con el otro; los amantes de la verdad conviertan su búsqueda en algo más importante que el propio amor.
5. Cásate con alguien que no pregunte mucho. El amor solo puede vivir en cierta inconsciencia, en cierta ocultación, en cierto misterio. Las preguntas son propias de la policía o de los jueces. Si son excesivas, sirven para controlar y vigilar y, en su caso, castigar.
6. Cásate con alguien que no se ate al pasado, ni a su pasado personal ni al pasado de la relación. Esta va cambiando y nunca se sabe hacia adónde va a ir. Y, desde luego, no hay un servicio postventa donde se pueda reclamar.
7. Cásate con alguien que trate bien a los extraños, sobre todo a los empleados, camareros, personal de servicio o cualquiera que esté por debajo en la línea jerárquica. Tarde o temprano te tratará de la misma manera.
8. Cásate con alguien que sea conversador. Alguien que cuente, que no te interrumpa cuando hables, que pueda jugar con las palabras sin creerlas sagradas. Es, por añadidura, más divertido.
9. Cásate con alguien de quien sientas orgullo al ir a su lado, con quien te resulte elegante y armonioso compartir un paseo o entrar en un restaurante; alguien con quien te sientas a gusto ante un espejo o en una fotografía.
10. Cásate con alguien que no sea un diamante (ni bruto, ni pulido) duro, brillante y caro. Alguien así organizará un mundo rígido de inclusiones y exclusiones en cuyas categorías quizá no quieras estar. Además, ten en cuenta que en este caso lo íntimo y erótico será muy marginal.

11. Cásate con alguien que ni se sienta ni sea anodino. Que no sea intercambiable por cualquier otra persona; sencillo, pero no simple. La insignificancia suele compensarse con actitudes ausentes, con la huida, con un bajo nivel de compromiso y con cobardía.
12. Cásate cuando tengas un trabajo remunerado que te asegure la independencia para decidir permanecer en la relación si así lo deseas, pero salirte si es necesario
13. Cásate después de haber invertido tiempo y dinero en tu persona en todos los aspectos necesarios: intelectual, corporal, erótico y actitudinal. Es decir, cásate cuando ya seas alguien definido.
14. Cásate, sobre todo, con alguien que no sea celoso. Al principio puede que tenga un toque de diversión o de interés, pero la vida será un infierno al cabo de poco tiempo.

CAPÍTULO 39

Intervención y tratamiento

> Cuando estamos celosos inventamos historias en contra de nosotros mismos. Estimulamos nuestros sentimientos y nos asustamos casi sin darnos cuenta.
>
> J. M. COETZEE

Dijimos que los celos provienen del deseo, son una de sus patologías. Desear, decíamos, es desear poseer. Y podemos poseer objetos, conocimiento y personas. Pero cada una de esas categorías tiene un grado de realidad diferente. Los objetos pueden ser totalmente poseídos; las personas, no. Y el error del celoso es pretender igualar las tres cosas, queriendo poseer a una persona como quien posee un coche o un ordenador.

Toda terapia pretende un cambio, y la mirada siempre suspicaz del celoso precisa de ese cambio; un cambio que le permita dejar de contemplar a la persona amada buscando en ella permanentes indicios de traición y le permita adoptar la conducta del amante, que gusta de observar el rostro de quien ama para saber si disfruta, para complacerle, para suscitar su deseo, de modo que quizá antes de seguir sea necesario saber de qué depende el cambio, cualquier cambio; de qué depende el proceso de la transformación personal. De manera un tanto esquemática digamos que somos seres humanos que vivimos experiencias que generan narraciones, es decir, relatos acerca de nosotros mismos, los cuales desencadenan acciones que, a su vez, generan nuevas experiencias.

Experiencia-narración-acción-experiencia se convierte, de este modo, en el círculo creador de cambio. Así que todo tratamiento, también el de los celosos, por difícil que sea, estriba en proponer nuevas experiencias, nuevas narraciones o nuevas acciones que puedan ser relevantes para perturbar el rígido aparato cognitivo y emocional del celoso.

Quizá la primera tarea clínica sea la de lograr que el celoso reconozca que lo es. Que acepte (en una lógica semejante a la que usa Alcohólicos Anónimos) esa descripción de sí mismo: soy celoso. También es necesario aceptar que se puede intervenir sobre el tipo de problema que se tiene, admitiendo con ello la posibilidad de cambio. De lo contrario, cuando alguien cree que algo le ocurre por esencia, porque uno es "así", no se puede cambiar. Lo anterior supone que una persona celosa no va al terapeuta a que le "quite" los celos. Ha de aceptar que los celos, si bien son un problema del pensamiento, lo son sobre todo de la acción a la que llevan, y que es su responsabilidad el que se produzcan cambios en su conducta y en su interacción con el otro. Y no es eso lo único que tendrá que aceptar, asimismo ha de tener la responsabilidad de controlar las acciones u omisiones que pudiera realizar "movido" por los celos; especialmente, habrá de impedir el acceso iracundo o violento. No puede darse por válido que a una persona se le "escapen" las conductas; siempre se elige, siempre existe un momento de libertad que hay que aprovechar para controlar la acción. En algún momento de la terapia seguramente será importante discutir la hipótesis del automatismo de la acción que hace años se conocía como trastorno mental transitorio.

Las normas de trabajo son duras y exigentes, pero de otra forma no hay posibilidad de éxito. Eso hace especialmente necesario que se establezca una buena alianza terapéutica.

Siempre lo es, pero cobra especial importancia en el que caso de los celosos, que constantemente adoptan una actitud defensiva, hostil o de demasiado arrepentimiento, que constituye otra forma de defenderse de sus responsabilidades. La atmósfera de las sesiones debe proporcionar la libertad necesaria para hablar de su experiencia sin sentirse juzgado o loco. Es preciso también animarlo a que lo haga sin repetir los tópicos habituales que siempre forman parte de toda descripción de los celos.

Una buena forma de iniciar el trabajo de terapia alejándose de dilemas éticos en torno al bien y el mal es preguntar al celoso acerca de las conexiones que puedan tener sus celos con el momento y la situación en que conoció a su pareja y lo que entonces le gustó de ella; así como con alguna circunstancia que haya quedado pendiente desde el inicio de la relación. También constituyen temas importantes las posibles conexiones que puedan tener sus celos tanto con su primera experiencia alrededor del sexo como con su primera relación sexual. Asimismo, es necesario hablar del recuerdo más importante de sus progenitores. Todas esas situaciones del pasado se relacionan con la construcción de los celos, por lo que conviene explorarlas de entrada, ya que confieren al celoso un elemento de realidad y responsabilidad acerca de ellos y lo alejan del mero sentimiento de culpa, así como de la irresponsabilidad o falta de significado personal de sus conductas.

Una vez que alguien reconoce que tiene celos, viene una pregunta obvia: ¿qué se tiene cuando se tienen celos?, es decir, ¿qué modificaciones han producido estos en la vida de la persona? Se pueden tener ideas, realidades, sentimientos y hasta identidad celosa (nos referimos a los casos en que para pertenecer a ciertos grupos sociales masculinos ser celoso es casi necesario). En todo caso, hay que precisar bien aquello de lo que se está hablando si se quiere salir de los tópicos inútiles.

Mencionamos que la terapia de una persona celosa es muy difícil. Algunos autores sostienen que es una tarea inútil y que, si alguien está casado con una persona celosa, lo mejor que puede hacer es separarse antes de que su vida se convierta en un infierno. Aunque no sostengamos una teoría tan radical, es cierto que siempre será una tarea muy complicada. Por eso, el terapeuta ha de implicarse a fondo siendo provocador, duro en los contenidos y amistoso en las formas.

La solución a los celos nunca será ser insensible a ellos, nunca será pretender no tenerlos. Más útil es plantearse una vida en la que se tienen, se sienten… pero se actúa como si no existiesen. Esta regla no es tan sencilla o trivial como puede parecer, pero recordemos a Pascal: "Quien hace como que cree acaba creyendo".

Muchas veces se plantea si es necesario trabajar con la pareja simultáneamente. Pensamos que no. Tras las entrevistas iniciales, quizá sea más conveniente y eficaz trabajar solo con la persona celosa. Más adelante, con algunas ideas establecidas y la alianza de trabajo ya creada, puede ser el momento de trabajar en conjunto o de hacer sesiones también con la persona celada. En todo caso, siempre ha de quedar claro que la separación o el divorcio no es una mala opción ni constituye un fracaso, sino que a veces es inevitable e, incluso, deseable… para los dos.

CAPÍTULO 40

Estrategias generales de terapia

La terapia del celoso exige un trabajo riguroso, largo y bien establecido. Ha de saber que, por una parte, necesita pasar por una especie de purificación, de desierto interior; y, por otra, precisa poner distancia con el objeto de su amor, distancia que incluso puede llegar a ser física. Solo si se dan estas circunstancias puede contemplar al otro como un objeto de amor y seducción, no como un objeto amenazante que resulta perjudicial, tanto si se posee como si no. De ahí que hayamos planteado en el capítulo anterior que la terapia, en sus aspectos fundamentales, debe consistir en un trabajo individual.

El celoso se enfrenta, básicamente, a dos posibilidades. Una es que la pérdida del otro sea real, esto es, que haya ocurrido ya o sea inminente y cierta. Sería el caso de un hombre que recibe la noticia de que su mujer lo va a dejar por otro, ante lo que no le queda más remedio que adoptar una posición personal. En el otro caso, la pérdida es imaginada, sospechada, temida, pero no real. No ha ocurrido ni va a ocurrir (a no ser que los propios celos desencadenen la ruptura). Es el caso de un hombre que sospecha, cuando su mujer empieza a trabajar en una oficina, que va a dejar de ser total y exclusivo para ella por la posibilidad de que conozca allí a alguien atractivo con el que lo engañará o, meramente, que le guste.

En definitiva, nos enfrentamos a dos grandes situaciones de celos: fundados e infundados. En un caso, la pérdida es real; en el otro, no. El abordaje ha de ser diferente.

Los celos infundados, la sospecha, la desconfianza constituyen un problema de personalidad, una herida en la estima personal y deben ser tratados como tales. Ya sabemos que la idea que tenemos de nosotros mismos viene mediada por la mezcla de lo intelectual, lo corporal, lo actitudinal y lo sexual. Pero, en el caso del celoso, no se trata de trabajar la autoestima en general, sino la capacidad de ser deseable, de establecer vínculos a través del deseo, de ser capaz de aprender a utilizar habilidades de seducción. La estrategia de tratamiento consiste en crear junto con el paciente vías de desarrollo de estas variables que le permitan verse como deseable, aceptando, al tiempo, la incertidumbre de toda relación amorosa.

Frente a la pérdida real —inevitable o probable, pero basada en un análisis de la realidad de las relaciones del paciente que resulta convincente— solo cabe plantear estrategias para situaciones de crisis, es decir, se pueden aplicar las mismas que se usan en cualquier conflicto crítico. Podemos ejemplificar la situación de esta manera: un paciente cuenta que su mujer ha conocido a otra persona y le ha dicho el ya clásico "tenemos que hablar". Está pensando en abandonarlo. Tras el derrumbe por la noticia, acude a consulta. Las propuestas de intervención que pueden hacérsele serían las siguientes, que formulamos ahora con un tipo de lenguaje similar al que dirigiríamos hacia el paciente:

a) De acuerdo, ha perdido (o va a perder). Retírese de una batalla que posiblemente ya no tiene sentido. Sepárese y empecemos el trabajo de adaptación a esa pérdida, que es, en definitiva, adaptarse a una nueva vida.

b) Espere, no haga nada, adopte una cierta y sana resignación. No intervenga. Está en una situación de cambio. Usted quiere seguir con la relación, así que espere, siga comprometido con ella hasta ver qué decide; veamos qué ocurre al final y a lo que tiene usted que enfrentarse.

c) Bien, está en peligro, así que luche, cambie, trate de vencer; intente mejorar personalmente, ser una "oferta" interesante (por ejemplo, muéstrese más interesado en el mundo externo, más sofisticado, más divertido...). Si lo consigue, magnífico; si al cabo de un tiempo no ha funcionado..., pues habrá que cambiar a una de las dos opciones anteriores.

El paciente ha de elegir su estrategia, y nosotros le ayudaremos con ella. En ambas situaciones, se trata de ofrecer a la persona una forma de ser eficaz en sus respuestas. Validamos el que sea celoso y, al tiempo, afirmamos la necesidad de cambiar, ya que sus formas de actuar, como vimos, son ineficaces (negación, ira, desprecio, somatización, agresión, depresión...). De esta forma, los planteamientos que estamos mencionando le dicen, explícita o implícitamente: "¿Usted quiere seguir reaccionando así o intentamos algo diferente?". Se trata de desactivar las reacciones que ha venido teniendo, para tratar, posteriormente, de elaborar respuestas nuevas. Al final, se evalúa el resultado en todos los niveles: emocional, cognitivo, relacional. Sabemos que los celos tienen difícil intervención, por lo que, una vez que el paciente comienza ese trabajo, se necesita disponer del tiempo necesario para pensar las acciones, organizarlas, ejecutarlas, preguntarse por ellas, sacar conclusiones y diseñar las nuevas formas de relación y acción.

CAPÍTULO 41

Recomendaciones para un celoso

Toda terapia es una perturbación, una provocación, una oferta de modificación en el ámbito de la experiencia, de la narración de sí mismo o de la acción.

Queremos ahora ofrecer ideas que pueden ejemplificar, al tiempo que servir de base para trabajar con una persona celosa. Serán más o menos poderosas en función de cada caso en particular, sin duda, pero a pesar de esa especificidad necesaria creemos que pueden ser válidas para usarse como proposiciones generales que, en un momento u otro, constituyan una forma de perturbar un pensamiento demasiado rígido.

En este sentido, la estructura de las preguntas circulares y reflexivas que se utiliza en psicoterapia sistémica puede ser enormemente útil en el trabajo con celosos. No mencionaremos aquí la técnica de esas preguntas, que fácilmente se encuentran en cualquier manual, sino solo algunos de los contenidos con los que se puede preparar una sesión, una serie de preguntas o una intervención. A lo largo de los capítulos anteriores se analizaron algunas de ellas. Presentémoslas ahora en forma de afirmaciones y preguntas del terapeuta. Desde luego, parecen fuertes —y lo son—, y han de usarse en la terapia con prudencia, y una vez que la alianza terapéutica ya esté establecida con el paciente. En los consejos matrimoniales pensábamos en mujeres; ahora, en hombres.

1. ¿Está usted dispuesto a estas alturas de su vida y en el siglo XXI a seguir jugando al juego del amo y el esclavo? ¿Eso es lo quiere para usted? ¿Cuando era un joven pensaba que quería tener una esclava, o, mejor, una prisionera? ¿Eso pensaba? Y, si no era así, ¿qué explicación le da a todo esto que le está pasando?
2. ¿De verdad pensaba al inicio de la relación que llegaría a crear esta variada gama de torturas psicológicas que practica? ¿Cómo ha llegado a este punto?
3. Bien, puede ser que su amada le esté engañando…, pero solo puede ser, solo es una posibilidad. Espere a estar seguro y se divorcia; pero mientras, no actúe como si ya fuera verdad o usted mismo hará que lo sea.
4. Sí, ahora, en este preciso momento, ella está en la cama con otra persona y ayer conmigo y antes de ayer con ese que ve pasar por ahí. ¿Por qué no?, ¿qué le hace pensar que no, que es absurdo lo que digo? Es posible…, sí, es posible…; pero solo eso: posible. Como también es posible que mañana se acabe el mundo, pero no parece que vaya a ser así y, por tanto, quizá no haya que vivir como si ya estuviera sucediendo.
5. Si cree que no lo quiere, cambie para ser "querible"; y si, después de que usted haga ese cambio, sigue pensando que no lo quiere, tal vez tenga razón: váyase.
6. Esto es el amor, no el ejército. Nada de dar órdenes: negocie, ofrezca, intercambie, regale…
7. La vida puede ser como una película, pero ¿qué género escoge?, ¿el de policías, ladrones, detectives y sospechas…?, ¿ese? Y, si no, ¿cuál?
8. ¿Se ha fijado en que lo que más le reprocha es lo que afirma que más le gustaba antes? ¿No se fijó en ella por

esa figura? ¿No le gustó esa soltura con la gente? ¿No fue usted quien le compró aquel vestido sexy que me dijo? ¿Qué fue de eso? ¿Que están casados, que tienen niños? ¿Sí? ¿Se acabo la vida, entonces? Uf, ya en la Edad Media hubiera estado usted bastante anticuado.

9. ¿Qué prefiere, que esté con usted porque le ame o porque le tema? ¿Sabe la historia del rey Ricardo III? Es una obra de Shakespeare, ¿recuerda?, sí, el de Romeo y Julieta. Pues ese rey era deforme y feo...; todo el mundo lo rechazaba. Y un día tomó una decisión: "Ya que no habéis aprendido a quererme, aprenderéis a odiarme", dijo. Y a partir de ahí se dedicó a hacer todo tipo de maldades. ¿Ese quiere ser usted?
10. Creo que le sobra transparencia. No tiene por qué decir todo lo que piensa. Sí, pensar no se puede evitar, de acuerdo, pero sí se puede omitir. Que sus celos sean solo para usted (bueno, a mí sí me los puede contar).
11. Siempre persiguió la verdad, al estilo margarita: me quiere, no me quiere. ¿Es verdad que me quiere?, ¿de verdad, de verdad? Si le interesa tanto la verdad quizá deba pensar en hacerse cura o filósofo y dejar esto del amor.
12. ¡Bobadas! No es inferior, ni superior. Mediocre, sí. Como todos. Sí, apuesto a que la tiene normal, si es eso lo que le preocupa. Con eso ya se puede ir muy lejos. El tamaño importa, sí, pero no tanto. O ninguno tendríamos opciones comparados con los negros y, sobre todo, con los caucasianos. Sí, no se sorprenda; son *los que más*. ¿Y?
13. Sí, tiene defectos, y posiblemente alguno bastante odioso...; y ella, y yo y todos, ¿y qué? ¿Esto es un concurso de virtudes? Si usted fuera un ángel tendría alas y daría vueltas por el cielo toda la eternidad, ¿no?

14. Se puede dejar de fumar, se puede dejar de beber y se puede dejar de actuar de forma celosa. ¿Recuerda el cuento del escorpión y la rana? ¿Sí?, pues eso…, ¿no puede aspirar a ser algo más sutil que ellos?
15. Una lástima, sí, pero si le falta no se va a morir. No es que suene a bolero, es que lo es; Pablo Milanés, para más señas…; pero es cierto (aunque los boleros no lo son casi nunca).
16. ¡Señor, sí, señor!, ¿ese es el modelo? En el cuerpo de Marines sería más feliz.
17. Lo que ella hace, lo que hace cualquiera, no dice nada de usted, de la misma manera que lo que hace un hijo no habla de su padre, ni viceversa. No debe equivocarse con eso. Solo nuestras acciones hablan de nosotros mismos.
18. Y, en todo caso, no llore, no se queje, no se muestre como una víctima… Eso le hace peor persona y menos atractivo… El valor caballeresco no ha pasado de moda… espero.
19. Pase lo que pase, sea amable. Aunque tenga la razón, toda la razón, ¿qué pierde con la amabilidad? La firmeza no está reñida con ella.
20. Me rindo, de acuerdo, usted gana y tiene la razón. Gana, pero ¿qué pierde con ello? No olvide que siempre que se gana algo se pierde algo… ¿Es ese también su caso?

NOTA AL LECTOR

Has acabado, querida lectora, querido lector, un libro sobre una de la emociones y experiencias más poderosas y difíciles de manejar: el demonio de los celos.

Pensamos que de entre las muchas razones que tuviste para leer este libro pueden destacarse dos: o bien tu profesión y tu trabajo te requieren herramientas para trabajar los celos —en terapia, en clase, en el consultorio—, o bien has experimentado o experimentas este fenómeno, ya sea como una persona celosa o como alguien que es celado y, por tanto, conoces el sufrimiento y desgaste que este genera en ti y en tus relaciones.

Esperamos que el contenido te haya sido de utilidad. Nos quedaríamos suficientemente satisfechos si hubieras logrado alguno de estos objetivos:

- Clarificar en qué consiste el fenómeno celoso.
- Descubrir creencias, patrones, paradigmas que desafíen tu pasado concepto de lo que son los celos.
- Encontrar respuestas útiles para ti y para gente que te rodea, respecto a la experiencia de los celos, las características de quienes lo experimentan, el origen de los mismos y sus diversas manifestaciones, y el infierno que viven quienes se embarcan en una dinámica celosa.

- Reconocer herramientas útiles para abordarlos, tanto a nivel personal como profesional.
- Y, con suerte, disfrutado con la mezcla de psicología, cine, literatura y sociología que hemos empleado al escribirlo.

Ten la certeza de que el recorrido atravesado tras esta lectura impulsará en ti un proceso interno que te permitirá comprender mejor tus áreas fuertes y tus puntos débiles en el territorio de los celos. Pero si para avanzar en tu proceso requieres más apoyo del que te has dado a ti mismo con esta lectura, contacta a Psicoterapia La Montaña y pide ayuda de un profesional.

Con una red de más de 130 terapeutas especializados, Psicoterapia La Montaña te ofrece un espacio seguro y accesible, así como un acompañamiento paso a paso para que tomes los pasos adecuados para construir una vida amorosa plena.

¡No dudes en contactarnos!

Psicoterapia La Montaña
WhatsApp: +52 55 7832 8778 / +52 56 3093 8038 / +52 55 3920 6004
Facebook: Psicoterapia La Montaña
Instagram: @lamontana.mx

Esta obra se terminó de imprimir
en el mes de enero de 2026,
en los talleres de Impresora Tauro, S.A. de C.V.
Ciudad de México.